AF452216

EXPOSITION

DE

ZOOLOGIE, PALÉONTOLOGIE, GÉOLOGIE, MINÉRALOGIE

ET INDUSTRIES MINÉRALES.

EXPOSITION GÉNÉRALE DE NIMES

(Mai 1863)

EXPOSITION

DE

ZOOLOGIE, PALÉONTOLOGIE, GÉOLOGIE,

MINÉRALOGIE

ET INDUSTRIES MINÉRALES

LIVRET

—

PRIX: 2 FRANCS

NIMES

DE L'IMPRIMERIE CLAVEL-BALLIVET ET Cᵃ

RUE PRADIER, 12

—

1863

EXPOSITION

DE

Zoologie, Paléontologie, Géologie, Minéralogie et industries minérales.

—

(Mai 1863)

Des Concours agricoles ont lieu, chaque année, dans les différentes régions de la France.

Le département du Gard fait partie de la région du Sud-Est, qui se compose de tous les départements du littoral de la Méditerranée, savoir :

Pyrénées-Orientales — Aude — Hérault — Gard — Vaucluse — Bouches-du-Rhône — Var — Alpes-Maritimes — Corse.

Chaque année, l'un de ces départements devient le siége du Concours de la région.

Déjà le Concours a eu lieu successivement :

Dans le département de Vaucluse, en.......... 1858

—   de l'Aude, en............. 1859

—   de l'Hérault, en.......... 1860

—   des Bouches-du-Rhône, en.. 1861

—   des Pyrénées-Orientales, en. 1862

Depuis le 21 juin 1859, une décision du Ministre de l'Agriculture, du Commerce et des Travaux publics avait fait connaître que le département du Gard serait le siége du Concours de 1863.

Il restait à déterminer la ville dans laquelle le Concours aurait lieu.

Ce choix devait être fait en faveur de la ville qui affecterait les ressources les plus élevées à l'installation matérielle de l'exhibition.

A tous les points de vue, il paraissait impossible que le Concours pût avoir lieu dans une ville autre que le chef-lieu du département.

Aussi, avant même cette désignation *officielle*, l'administration municipale de Nimes, de concert avec l'autorité départementale, avait-elle préparé les dispositions préliminaires de cette solennité.

Il fut réglé que diverses Expositions particulières auraient lieu conjointement avec le Concours agricole.

Le Conseil municipal a adopté ces dispositions, et, par deux délibérations, en date des 7 mai et 7 août 1862, il a successivement alloué deux crédits, s'élevant ensemble à 155,000 fr., pour faire face aux dépenses qu'entraîneront le Concours agricole et les autres Expositions, se réservant de voter ultérieurement le supplément de fonds que pourra nécessiter le réglement définitif de l'entreprise (1).

De son côté, dans sa session de 1862 (27 août), le Conseil général, sur la proposition du Préfet, a pris à la charge du département le tiers de la dépense nette du Concours agricole et des diverses Expositions annexées.

Après plusieurs additions faites au programme primitivement projeté, le détail des Expositions et Concours particuliers a été définitivement fixé ainsi qu'il suit :

1º Exposition des produits de l'industrie ;
2º — de botanique et d'horticulture florale et maraîchère ;

---

(1) Par une nouvelle délibération du mois de juin 1863, le Conseil municipal a voté une allocation supplémentaire de 100,000 fr. — Total des allocations jusqu'au 30 juin 1863 : 255,000 fr.

3º Exposition de zoologie, paléontologie, géologie, minéralogie et industries minérales ;

4º — des beaux-arts ;

5º Concours d'orphéons et de musiques militaires ;

6º — d'animaux de la race chevaline ;

7º — des sciences et des lettres ;

8º Prix de moralité et d'aptitude aux ouvriers.

Ces dispositions étant ainsi réglées, des commissions ont été organisées à l'effet de préparer les mesures se rattachant soit au Concours régional, soit aux autres Expositions et Concours.

En même temps, une *Commission générale* était instituée, sous la présidence du Préfet (le Maire de Nimes, vice-président), pour régler les dispositions générales de l'exhibition ; elle a été chargée, en outre, de centraliser et coordonner les travaux des commissions spéciales.

Composition de la Commission générale.

MM. le Préfet, *président.*
le Maire de Nimes, *Vice-Président.*

LIOTARD (Ernest), Chef de la division des Travaux publics, à la Préfecture,
LIOTARD (Charles), secrétaire géné-ral de la Mairie de Nimes, } *Secrétaires généraux.*

AURÈS, Ingénieur en chef du département ;
BEAUCHETET, Conseiller de Préfecture ;
BOISSIER, id. id.
BOUCOIRAN (Jules), Secrétaire de la Société d'horticulture ;
BOUCOIRAN (Numa), Directeur de l'école de dessin ;
CABRIÈRES (Comte Arthus de), Propriétaire ;
CALVIÈRES (Marquis de), Propriétaire à Vézénobres ;
CANONGE, Membre de la Commission municipale des beaux-arts ;
CHAMBON, Membre du Conseil général ;

MM. CHARDON, Adjoint à la Mairie de Nimes, Président de la Société d'horticulture ;

CLAUSONNE (Emile de), Membre du Conseil municipal ;

DELACORBIÈRE, ancien négociant ;

DUMAS (Emilien), Géologue, à Sommières ;

GINESTOUS (Marquis de), Membre du Conseil général ;

GRANIER, Président du Tribunal de commerce ;

LABAUME (de) Membre du Conseil général et du Conseil municipal ;

LAGARDE, Colonel de gendarmerie ;

MARTIN, Adjoint à la Mairie de Nimes ;

MATHAREL 'de), Receveur général, Membre de la Commission municipale des beaux-arts ;

MOURIER, Adjoint à la Mairie de Nimes ;

PLAGNIOL, Inspecteur honoraire d'Académie ;

SALLES (Jules), Membre de la Commission municipale des beaux-arts.

Composition de la Commission de Zoologie, Paléontologie, Géologie et Minéralogie.

MM. DUMAS (Emilien), géologue, *Président ;*

PARRAN, Ingénieur des Mines, *Secrétaire ;*

LETENNEUR, Garde-mines, *Secrétaire-adjoint ;*

BEAU, Membre du Conseil général, Directeur des Mines de la Grand'Combe ;

BOUCHARD, Directeur des Mines de Portes et Sénéchas ;

CASTELNAU (Raymon de), docteur en médecine ;

DELOCHE. Inspecteur d'Académie ;

DESCOTTES, Ingénieur en chef des Mines ;

ECOFFET, Directeur des Contributions indirectes ;

EUVERTE, Sous-directeur de la Compagnie des fonderies et forges de Terrenoire, Lavoulte et Bességes.

GERVAIS (Paul), Doyen de la Faculté des sciences de Montpellier ;

PLAGNIOL, Inspecteur honoraire d'Académie ;

ROBIAC (de), Membre du Conseil général ;

ROUVILLE (Paul de), professeur à la Faculté des Sciences de Montpellier ;

SIMON, ancien gérant de la Société de Pallières ;

L'organisation générale et l'installation définitive de cette exposition ont été faites par les soins spéciaux de MM. Emilien Dumas et Parran qui ont également dressé le catalogue des objets exposés.

L'exposition des produits de l'industrie et celle de la minéralogie ont été réunies dans les mêmes locaux. Elles ont été établies sur la belle promenade de l'*Esplanade*, qui joint directement la ville à l'avenue du chemin de fer.

Les produits de cette double exposition ont été installés dans trois situations différentes, savoir :

    1º Dans des galeries,
    2º Sous des hangars,
    3º En plein air.

L'enceinte occupée comprend une superficie totale de 7,181 mètres carrés, divisée ainsi qu'il suit :

Surface fermée................	3,735 mètres (¹)
Hangars.....................	390
Surface libre...............	3,056
Total égal.........	7,181 mètres.

Les bâtiments comprenant la surface fermée ont été composés de deux galeries en bois.

---

(1) Cette surface de 3,735 mètres se répartit de la manière suivante entre l'industrie, la minéralogie et les bureaux de service :

Industrie.....................................	2963
Minéralogie...................................	703
Bureaux.......................................	69
Total égal............................	3735

Chacune de ces galeries est formée d'une nef centrale, de deux bas-côtés et d'une annexe en retour.

La largeur de la nef centrale est de...   10 mètres

Celle de chacune des bas-côtés de 5^m,

soit ensemble.........................   10

Largeur totale.....   20 mètres

Largeur de l'annexe..................   9^{m}40

Les hauteurs, mesurées à la basse-pente, sont ainsi établies :

Pour la nef centrale......   9^{m}50

Pour les bas côtés et pour l'annexe.   5^m

Nous donnons ci-après la classification des objets admis à cette exposition, divisée en 10 sections, la liste alphabétique des exposants et le catalogue des objets exposés.

LIVRET

—

1° CLASSIFICATION DES OBJETS.

1re section.

Zoologie. — Paléontologie. — Collections géologiques, minéralogiques et d'archéologie primitive.

2e section.

Minerais de fer. — Fers. — Fontes. — Aciers.

3e section.

Minerais métalliques autres que le fer.

4e section.

Industrie chimique minérale. — Industrie salinière.

5e section.

Soufre. — Houilles. — Anthracites. — Lignites. — Tourbes. — Asphaltes. — Cokes. — Agglomérés. — Produits provenant de la distillation des matières bitumineuses.

6e section.

Marbres. — Pierres lithographiques. — Pierres de taille.

7e section.

Chaux. — Ciments. — Gypse.

8e section.

Argiles. — Ocres. — Matières colorantes, etc. — Briques réfractaires. — Poteries, etc.

9e section.

Eaux minérales et thermales.

10e section.

Machines et matériel employés dans l'industrie minérale.

2° LISTE ALPHABÉTIQUE DES EXPOSANTS.

A

Numéros
du
Catalogue.

B

E

F

G

H

I — J

R

S

T

V

3° CATALOGUE DES OBJETS EXPOSÉS.

Nota. — Les numéros entre parenthèses sont ceux du registre d'ordre des admissions.

1re SECTION.

Zoologie. — Paléontologie. — Collections géologiques, minéralogiques et d'archéologie primitive.

1 — IZAMBERT, cafetier à Beaucaire, Gard (80).

Monstruosité — Chat à une seule tête ayant deux corps, huit pattes et deux queues. Genre de monstruosité dit *Céphalopage.*

2 — ROUSSILLON François, Saint-Gilles, Gard (1).

Animaux empaillés habitant fréquemment les environs de Saint-Gilles et la vallée du Rhône, ainsi que l'île de Camargue. Ces oiseaux ont été préparés par l'exposant.

LISTE DES OISEAUX.

1 Grêbe huppé — *Podiceps cristatus.*
2 Canard siffleur huppé — *Annas ruffina.*
3 Canard garrot — *Annas clangula.*
4 Canard grand Harle — *Mergus merganser.*
5 Canard Harle Piette — *Mergus albellus.*
6 Canard souchet — *Annas clypeata.*
7 Héron garzette — *Ardea garzetta.*
8 Héron crabier — *Ardea ralloïdes.*
9 Ibis falcinelle — *Ibis falcinellus.*
10 Bihoreau à manteau — *Nycticorax ardeola.*
11 Huppe puput — *Hupupa epops.*
12 Glaréole à collier — *Glareola torquata.*
13 Mésange à moustaches — *Parus biarmicus.*
14 Martin pécheur alcyon — *Alcedo ispida.*
15 Guépier vulgaire — *Merops apiaster.*
16 Poule d'eau baillon — *Gallinula baillonii.*
17 Combattant variable — *Machetes pugnax.*
18 Huîtrier Pie — *Hœmatopus ostralegus*
19 Echasse à manteau noir — *Himantopus melanopterus.*

20 Avocette à nuque noire — *Recurvirostra avocetta.*
21 Mouette tridactyle — *Larus tridactylus.*
22 Mouette rieuse — *Larus ridibundus.*
23 Hirondelle de mer Moustac — *Sterna leucopareia.*
24 Petite hirondelle de mer — *Sterna minuta.*
25 Hiro delle de mer Pierregarin — *Sterna hirundo.*
26 Flamand rose et son nid — *Phœnicopterus antiquorum.*
27 Héron cendré — *Ardea cinerea.*
28 Héron grand butor — *Ardea stellaris.*
29 Grand Cormoran — *Carbo cormoranus.*
30 Aigle.
31 Épervier.
32 Une Perdrix femelle et ses petits et plusieurs autres oiseaux perchés sur un arbre.

MAMMIFÈRES.

33 Castor du Rhône.
34 Loutre commune.
35 Fouine.
36 Chat domestique.

3 — GARONNE Pierre, coiffeur à Lunel, Hérault (103).

Une vitrine contenant des oiseaux empaillés : un pluvier, une pie, un perdreau mâle, un perdreau femelle et ses petits; divers oiseaux perchés sur un arbre. — Au dessus de la vitrine, un aigle impérial.

4 — De BOUCHAUD Paul de BUSSY, Saint-Remy-de-Provence, Bouches-du-Rhône (92).

Collection de coléoptères et de lépidoptères indigènes et exotiques, composée d'environ 3,000 insectes dont 2000 indigènes et un millier exotiques.

NOMENCLATURE DES BOÎTES CONTENANT LES INSECTES.

1
2 } Rhynchophores (charançons).

3 Buprestes.
4 Buprestes et Elaters.

5
6
7 } Longicornes.
8

9
10 } Scarabées et copris.
11

12 Cetoines et mélolonthes.
13 Taxicornes hénélytres, trachélides.

14 Eupodes, cycliques, clavipalpes, clavicornes, carabiques.
15 Lucanides, carabiques, féromiens, palpicornes , hydrophiles.
16 Cicindéletes, troncatipennes, simplicipèdes, carabes.
17 Carabes, procrustes, procères, lucanides.
18 Lepidoptères diurnes et nocturnes.
19 Lepidoptères diurnes.
20 Lepidoptères diurnes et nocturnes.
21 Lepidoptères diurnes et crépusculaires.

Cette collection a été commencée par l'exposant, il y a trois ans,
     et récoltée dans les départements des Bouches-du-Rhône ,
     de Vaucluse et du Tarn.

5 — AUBANEL Adolphe, pharmacien à Nimes (105).
     Collection d'histoire naturelle.

LISTE DES OBJETS EXPOSÉS.

1° — *Collection conchyliologique.*

Genre Volute	30 espèces
— Cône	130 —
— Porcelaine	120 —
— Olive	115 —
— Rocher	50 —
— Ranelle	8 —
— Triton	16 —
— Fasciolaire	8 —
— Mitre	10 —
— Strombe	35 —
— Pyrule	18 —
— Turbo	10 —
— Natice	10 —
— Nérite	5 —
— Pterocère	6 —
— Pourpre	32 —
— Casque	28 —
— Tonne	7 —
— Fuseau	7 —
— Turbinelle	16 —
— Cerite	21 —
— Vis	10 —
— Marginelle	7 —
— Ricinule	10 —
— Buccarde	7 —
— Cythérée et Vénus	25 —
— Lucine	10 —
— Spondyle	4 —
— Térébratube vivante	5 —
— Peigne	30 —

Genre Helix et Caracolle.............. 61 espèces.
— Bulime...................... 30 —
— Cyclostome et Auricule .... 10 —
— Agathine...................... 17 —
Diverses coquilles fossiles .... 124 —

Quelques espèces remarquables de coquilles marines : le Nàutilus pompilius et scrobiculatus, Casque triangulaire, Strombe géant, Marteau blanc et noir, Pinne écailleuse, Hippope maculé, Argonaute papyracée et tuberculeuse, Haliotis iris, Huitre perlière, Scalaire précieuse, Arrosoir de Java, Massue, Galatée, Iridine, Hyrie, Ovule navette, Priam, Glandine, Houlette, Struthiolaires, Sigaret, Harpe, etc. etc.

Ces diverses coquilles sont extraites d'une collection de plus de 3,000 individus.

2° *Un tableau général d'histoire naturelle, où toutes les classes des trois règnes sont représentées.*

3° *Exemples de classification générale de zoologie, d'après MM. P. Gervais et Van Beneden. contenus dans 28 cadres et 45 bocaux.*

A — Vertébrés.

1° Classe des mammifères.

Carnassier — Fouine et Belette.

2° Classe des oiseaux.

Rapaces — Exemp. Faucon cresserelle.
Passereaux   —   Bergeronnette.
Grimpeurs   —   Pic vert.
Gallinacés   —   Perdrix rouge.
Echassiers   —   Chevallier.
Palmipèdes   —   Sarcelle.
Une série d'œufs, appartenant aux ordres ci-desus.

3° Classe des Reptiles.

Chéloniens. — Exemp. Tortue géométrique.
                    —   grecque,
                    —   Bourbeuse.
Ophidiens. — Vipère commune.   } Serpents vénimeux.
        —   Queue de serpent à sonnette. }
        —   Couleuvre d'Esculape.   ⎫
        —   —   de Montpellier.   ⎪
        —   —   à deux raies.   ⎪
        —   —   verte et jaune.   ⎪
        —   —   Bordelaise.   } Serpents non vénimeux.
        —   —   Hermanine.   ⎪
        —   —   à Collier.   ⎪
        —   —   Vépérine.   ⎪
        —   —   Periops.   ⎭

Classe des Reptiles.

Sauriens   Lézard ocellé.
— vert et ses variétés.
— des souches.
— des murailles.
— vivipare.
— de Corse.
Caméléon.
Scinque.
Orvet et seps.
Platydacdyles des murailles.

Classe des Batraciens.

Pélobate cultripèdes.
Pelodite ponctué.
Crapaud vert.
Grenouille verte et variété.
Rainette
Têtards , larves de grenouille.
Salamandre terrestre.
— crétée.
— marbrée.
— ponctuée.

Classe des Poissons.

Dactyloptère du Japon, espèce de poisson volant.
Chœtodon , chauve-souris.
Monacanthe lupeli.
Syngnatus, aiguille de mer.
Hippocampe, cheval marin.
Raie et œuf de raie.
Trois défenses du squale scie.
Défense de l'espadon, Xiphias inperator, Aigues-
mortes.

B — INVERTÉBRÉS. — *Animaux articulés.*

Classe des Insectes.

Lépidoptères — 13 Papillons diurnes.
4   — crépusculaires.
13   — nocturnes
Un tableau représentant 28 races de cocons.
Coléoptères — Un tableau renfermant un exemple des 64 familles,
d'après Gaubil.
Un tableau insectes exotiques de choix.

Classe des Myriapodes.

Scolopendre géante.
— électrique.

Classe des Crustacés.

Maya squinade, mâle et femelle.
Crabe commun, mâle, femelle et jeune.
— front épineux, mâle et femelle.
Langouste, homard.
Squille manthe, mâle et femelle.
Dromie globuleuse.
Portune pélagique.
Lencodie noyaux.
Lisse araignée.
Pou de mer.
Cigales de mer.
Migrane , calappe, etc., etc.
Coronules des baleines , etc.
Anatifes , sulcate , lisse, etc.
Policipes.

Classe des Vers chétopodes.

Serpula glomerata.
— filigrane.
— costulée.
— sipho, etc.
Ver solitaire ou ténia.
Vers intestinaux.

C — MOLLUSQUES.

Un tableau général de conchyliologie, où toutes les familles sont
représentées.
Un tableau général des mollusques terrestres et fluviatiles de
France, d'après Moquin-Tandon.

D — ÉCHINODERMES.

Un tableau, astéries de la Méditerranée.
Deux tableaux, oursins de la Méditerranée.
Un tableau, Echinodermes en général.

E — POLYPES.

Classe des Zoanthaires, etc.

Un superbe groupe de Madrépore abrotanoide.
Un tableau représentant divers genres de polypiers, corail
blanc, rouge et noir, rétipore, tubipore, fongie, caryophyl-
lée, méandrine, alcyons, etc.
Trois tableaux représentant diverses gorgones, antipathes,
plume marine, queue de cheval, etc.

Classe des Spongiaires.

Deux tableaux représentant 10 espèces d'éponges, dont une
remarquable par sa grosseur.

4° Trente petits flacons de produits animaux.

5° MINÉRALOGIE. — Un tableau représentant 53 pierres précieuses, un groupe cristal de roche.

6 — FRAYCET, maçon à Nimes (96).

Plusieurs coquilles marines exotiques, sans détermination.

7 — FACULTÉ DES SCIENCES DE MONTPELLIER, exposition faite par les soins de M. Paul Gervais, Membre correspondant de l'Académie des sciences, Doyen et professeur de zoologie (106).

LISTE DES OBJETS EXPOSÉS.

Vertébrés.

1 Cornes du *Bos brachyceros*, du Sénégal.
2 Cornes d'Antilope, *Canna*.
8 Bois de Renne (mâle) de Terre-Neuve (Caribou).
4 Grand Eléphant fossile (*Elephas meridionalis)* des sables diluviens du Riége, près Pézenas, Hérault.
    Fémur, portion inférieure ;
    Tibia, portion supérieure ;
    Humerus, portion inférieure ;
    Omoplate.
5 Ossements de l'éléphant des Indes.
    Fémur,
    Tibia,   Mis pour la comparaison avec l'espèce fossile. —
    Humerus,   Leur taille est moindre de moitié.
    Omoplate,
6 Fragment de tête fossile de rhinocéros tichorhinus, brèche osseuse de Pédémar, près Saint-Hippolyte-du-Fort, Gard.
7 Episaurus giganteus, P. Gervais. Os du bras d'un grand saurien fossile, des grès verts de Bedoin, au pied du mont Ventoux, Vaucluse.
8 Ossements de crocodile, des calcaires lacustres marneux d'Armissan, Aude.
9 Aphelosaurus lutevensis, P. Gervais ; zoologie francaise. Fossile recueilli dans les ardoises du terrain permien de Lodève, par M. Emilien Dumas et M. Paul de Rouville.
10 Chelone Midas, de l'océan Atlantique, deux individus.
11 Tortue fossile du genre Emyde, des calcaires lacustres marneux d'Armissan, Aude, appartenant à M. Pessieto, de Narbonne.
11 *bis*. Deux petites carapaces de tortue, pour comparaison avec le fossile n° 11.
12 Grand serpent boa (peau tannée) du Brésil. Longueur 6^m, largeur 0^m47. appartenant à A. L. Donnadieu, de Montpellier.
13 Œuf de l'Œpyornis, grand oiseau fossile trouvé dans l'île de Madagascar. Moule en plâtre, l'original est au Muséum de Paris.

14 Œuf de l'autruche d'Afrique, exposé pour comparaison avec l'œuf précédent. Il n'égale en volume que le neuvième de l'œuf de l'Œpyornis.

15 PISCICULTURE. — 8 bocaux, contenant des truites et saumons de divers âges, élevés artificiellement à Montpellier.
Œuf et alevin de saumons, de 0^m16 de longueur.
Saumon pêché dans l'Ergue, près Lodève, de 0^m20 de longueur.
Saumon pêché dans l'Hérault, près Ganges, de 0^m16 de longueur.
Saumon pêché dans l'Hérault, près Ganges, de 0^m25 de longueur.
Saumon pêché dans l'Hérault, près Ganges.
Saumons éclos et élevés à Montpellier, bassin de l'Esplanade.
Truite de 0^m45 de longueur, des lacs de Suisse, élevée à Montpellier.
Truite de 0^m30 de longueur, née d'œufs envoyés d'Huningue. A vécu et s'est développée dans le bassin du Peyrou, de mars 1857, à juin 1858.

(Voir, pour les essais de pisciculture entrepris dans l'Hérault, les rapports du Préfet au Conseil général.)

Végétaux fossiles.

16 Feuilles du Platanus ou *Sterculia hercules*, des calcaires marneux lacustres d'Armissan, Aude (appartenant à M. P. Gervais).
17 Feuilles de Nymphea des calcaires marneux d'Armissan, Aude.
18 Portion de racine (rhizome de Nenuphar), genre *Nymphea* des calcaires marneux d'Armissan, Aude.
19 Six enpreintes de plantes fossiles des ardoises permiennes de Lodève, Hérault.

Minéraux.

20 Aérolithe tombée le 9 décembre 1858 à Ausson, près Montrejeau, Haute-Garonne. Cette portion d'aérolithe pèse 1 kilog 132 grammes. Elle a été envoyée à la Faculté des sciences de Monpellier, sur la demande de M. Paul Gervais, doyen, par M. l'abbé Fourment, professeur au séminaire de Polignan, en janvier 1859.
21 Mercure natif de Montpellier, trouvé dans un grès tertiaire en creusant les fondations de la nouvelle Halle.
22 Bel échantillon de cuivre gris cristallisé des filons traversant les terrains paléozoïques des environs Cabrières Hérault, receuilli par M. Gräff.

Archéologie primitive.

21 Silex taillé de Saint-Acheul, Picardie (à M. Paul Gervais).
22 Hache en jade vert emmanchée à la manière d'une hachette de tonnelier, des sauvages de la Nouvelle-Calédonie; donné à la Faculté des sciences de Montpellier par M. le vice-amiral Berard.
23 Hache en silex noir dit lydien, avec manche en bois sculpté de 0^m80 de longueur, des sauvages de l'île de Mahouri, Nouvelle-Zélande ; donnée, en 1846, par M. Bérard à la Faculté des sciences de Montpellier.

8 — DUMAS Emilien, correspondant du Ministère de l'Instruction
publique pour les travaux historiques, Membre de la Société
géologique de France, etc., à Sommières, Gard (111).

1 Carte géologique du département du Gard, 3 feuilles, arrondisse-
ments du Vigan, d'Alais et de Nimes.
2 Carte agronomique de l'arrondissement de Nimes (Essai manuscrit
non publié).
3 Carte géologique du département de l'Hérault, arrondissement de
Lodève (En collaboration avec M. Paul de Rouville), à l'échelle
de 1/129,600 (réduction aux 2/3 de l'échelle de la carte de Cassini).
— En voie de publication, non *coloriée.*

Divers objets de haute antiquité ou d'archéologie primitive appartenant à :

L'âge de pierre,

L'âge de bronze,

L'âge de fer.

1° AGE DE PIERRE.

4 Instrument en os, poinçon ou ciseau. Un des côtés paraît scié avec
un couteau en silex, du petit lac d'Inkwyl, à deux lieues de Solaire, Suisse.
5 Un silex taillé en forme de pointe de lance, de 0^m11 de longueur,
de la grotte des Morts, près Durfort, Gard.
6 Douze fragments de silex taillés en forme de couteaux ou en
forme de pointes de flèches, de la grotte ossifère de Pondres, près
Sommières, Gard.
7 Un fragment de silex ayant servi de couteau ou de lissoir, de la
grotte de la Roquette, près Sauve, Gard.
8 Deux silex taillés en forme de pointe de flèche, de Gargas, Vaucluse.
9 Quarante-six haches de pierres dites celtz, de diverses grandeurs,
de 0^m19 à 0^m02 de longueur, composées de diverses subs-
tances : jade vert dit ascien, quartz lydien, fraidronite, gneiss,
calcaire et basalte, trouvées dans les départements du Gard et de
Vaucluse.
10 Fragments de poterie noirâtre avec traces d'ornements, de la grotte
ossifère de Pondres, près Sommières.
11 Un fragment de poterie jaune rougeâtre avec anse à l'état rudi-
mentaire, de la caverne ossifère de Pondres.
12 Fragment de poterie noirâtre avec ornements en creux, de la caverne ossifère du Fort, près Mialet.
13 Deux fragments de poteries, de la grotte du Fort, près Mialet.
14 Trois fragments de poteries, de la grotte de Roqueblanque, près Cabrières, Hérault.
15 Peson ou contrepoids de fuseaux à filer, trouvé à Villevieille,
près Sommières.
16 Peson trouvé au pied de la montagne d'Orange, Vaucluse.
17 Quatre fragments de poteries trouvés, avec une hache en pierre,
dans les tumulus de Chusclan, Gard.

18 Un fragment de poterie, trouvé dans les Kjökkenmöddinger du golfe de Kattegattet, en Danemark.

19 Fragment de poterie noirâtre du lac de Münchenbuchsée, canton de Berne, Suisse.

2° AGE DE BRONZE.

20 Une hache en bronze de 0^{m}22 de longueur, fixée dans un manche en bois, trouvée près de Vauvert, Gard.

21 Trois haches en bronze de 0^{m}21 à 0^{m}17 de longueur, trouvées près de Vauvert, Gard.

22 Deux haches en bronze de 0^{m}12 et de 0^{m}15 de longueur, trouvées dans le département de Vaucluse.

23 Une hache en bronze de 0^{m}09 de longueur, trouvée à Villevieille, près Sommières, Gard.

24 Une hache en bronze à large tranchant arrondi de 0^{m}16 de longueur, trouvée à Salavas, Ardèche.

25 Une hache en bronze, trouvée à Orange, Vaucluse.

26 Deux haches en bronze, trouvées dans les habitations lacustres du lac Léman, à Morges, Suisse.

27 Un couteau en bronze, trouvé dans les habitations lacustres du lac Léman à Morges, Suisse.

28 Coin en bronze de 0^{m}08 de longueur, trouvé en Bretagne.

29 Fer de lance en bronze de 0^{m}10 de longueur, trouvé près de Logrian, Gard.

30 Fer de lance en bronze de 0^{m}13 de longueur, avec l'extrémité inférieure de même métal, trouvé à Vacquières, Hérault.

31 Deux fragments de poterie des habitations lacustres du lac Léman, près Morges, Suisse.

32 Un petite coupe en terre brune de 0^{m}11 de diamètre sur 0^{m}04 de hauteur, des habitations lacustres du lac Léman près Morges, Suisse.

33 Deux torches en poterie servant de support à des vases terminés en pointe, des habitations lacustres du lac Léman, près Morges, Suisse.

34 Peson en terre cuite, trouvé dans les habitations lacustres du lac Léman, près Morges, Suisse.

35 Projectiles (pierres de fronde ?) des habitations lacustres du lac Léman, près Morges, Suisse.

36 Un projectile même forme, de Saint-Fortunat, près Lyon.

3° AGE DE FER.

37 Hache en fer trouvée dans un tumulus gallo-romain, avec des monnaies de Tibère, de Germanicus et de Trajan, à Salze, commune de Campestre, Gard.

38 Hache en fer trouvée, avec une agrafe en cuivre jaune et trois petits objets en métal blanchâtre, dans un tombeau gallo-romain, construit en briques plates, près Moulezan, Gard.

39 Fragment d'un grand vase, trouvé à Villevieille, près Sommières, Gard.

40 Fragment de poterie du même âge, trouvé près d'Aubenas, Ardèche.

Débris organiques fossiles.

41 Grand ours des cavernes, ou ours à front bombé de Cuvier (*Ursus spelœus*) de la grotte du Fort, près Mialet, Gard.
Squelette monté à peu près complet.

42 Hyène fossile (*Hyena spelœa*, Cuvier), branche gauche de la mâchoire inférieure, de la grotte du Fort près Mialet, Gard.

43 Mastodon brevirostris, P. Gervais (synonymies M. *Avernensis*, Croizet et Jaubert ? M. *dissimilis*, Jourdan). Fémur droit parfaitement conservé, longueur 1m, trouvé à Saint-Laurent-des-Arbres, Gard.

44 Fragment de bassin de mastodonte, avec la cavité cotyloïde, trouvé à Saint-Laurent-des-Arbres, Gard.

45 Rhinocéros megarhinus, de Christol. Mâchoire inférieure, trouvée à Saint-Laurent-des-Arbres, Gard.

46 Metaxytherium Beaumontii, de Christol (synonymie *helitherium Beaumontii*, P. Gervais). Côtes trouvées dans la molasse coquillère de Barris, Vaucluse.

47 Empreintes de pas d'un grand saurien Labyrinthodon, Owen (*Chirotherium*). Du grès bigarré, de Lodève, Hérault.

48 Ancyloceras matheronianus, d'Orbigny, de Saint-Marcel, près le Pont-Saint-Esprit, Gard.

9 — De ROUVILLE Paul, chargé du cours de minéralogie et de géologie à la Faculté des sciences de Montpellier (107).

Carte géologique du département de l'Hérault, arrondissement de Lodève, de 1/129,600, réduction au 2/3 de l'échelle de la carte de Cassini. En voie de publication , épreuve non coloriée. En collaboration avec M. Emilien Dumas.

10 — COMPAGNIE DES CHEMINS DE FER DE PARIS A LYON ET A LA MÉDITERRANÉE (2).

Ossements de mammifères fossiles :
1 Une défense d'Eléphant, de 1m25 de longueur.
2 Une dent molaire d'Eléphant.
3 Une portion d'omoplate d'Eléphant.
4 Bois de Renne (deux fragments).

Ces débris organiques, d'une belle conservation, ont été trouvés près de Tullins, en 1863, dans une tranchée du chemin de fer de Grenoble à Valence , terrain diluvien.

11 — MAGNON , garde-mines et répétiteur à l'école des maîtres-mineurs d'Alais (108).

Seize fragments d'ossements fossiles découverts dans la couche de schiste bitumineux exploitée à Vagnas (Ardèche) dans la concession de M. N. Guez-Lavie et Ce.

Ces débris sont changés en fer sulfuré et ont été recouverts d'une couche de gomme arabique pour empêcher leur. décomposition.

Quelques-uns de ces débris ont été déterminés par M. P. Gervais de la manière suivante :

1° *Crocodilus Rollinati* (?) fragment de mâchoire et vertèbres.

2° Coprolithe de crocodiles.

3° Humerus et plusieurs fragments de carapaces de cheloniens.

12 — DELMAS, médecin à Castries, Hérault (57)

Fossiles des calcaires miocènes (molasse coquillière) et des marnes bleues de Castries, Hérault.

Fossiles des calcaires miocènes (molasse coquillaire). (*Étiquettes noires.*)

1 Lamna elegans, dents.
2 Otodus, dents.
3 Lamna elegans, dents.
4 Oxyrhina hastalis, dents.
5 Hemipristis serra, dents.
6 Hemipristis paucidens, dents.
7 Dents de squale.
8 Galeocerdo aduncus, dents.
9 Oxyrhina xiphodon, dents.
10 Carcharodon megalodon, dents.
11 Oxyrhina, dents.
12 Hemipristis serra, dents.
12 Oxyrhina hastalis, dents.
14 Lamna dubia, dents.
15 Vertèbres de squale.
16 Dents de squale.
17 Lamna, dents.
18 Lamna elegans, dents.
19 Squale (ange), dents.
20 Lamna, dents.
21 Oxyrhina Desorii, dents.
22 Oxyrhina hastalis, dents.
23 Os en V (cétacé).
24 Poisson indéterminé.
25 Poisson indéterminé.
26 Otolithe de poisson.
27 Vertèbres de poisson osseux (genre indéterminé).
28 Sargus incisivus, P. Gervais, dents.
29 Sargus incisivus, dents.
30 Sargus, dents.
31 Dents de dauphin.
32 Vertèbres de squale.
33 Dents de poisson indéterminé.
34 Dents de poisson.
35 Dents de poisson.
36 Dents de poisson (gʳᵉ Pagel).
37 Chrysophrys (genre dorade).
38 Chrysophrys, dents.
39 Chrysophrys, dents.
40 Chrysophrys, dents.
41 Chrysophrys, dents.
42 Chrysophrys, dents.
43 Chrysophrys et Sargus, dents.
44 Chrysophrys, dents.
45 Chrysophrys, dents.
46 Chrysophrys, dents.
47 Chrysophrys, dents.
48 Chrysophrys, dents.
49 Chrysophrys, dents.
50 Chrysophrys, dents.
51 Os indéterminé.
52 Mâchoire inférieure (cétacé).
53 Plaque osseuse de crocodile.
54 Dents de crocodile.
55 Vertèbre de Squale.
56 Patella alta, Marcel de Serres.
57 Plaque de crocodile.
58 Corcharodon megalodon, dents.
59 Corcharodon megalodon, dents.
60 Corcharodon megalodon, dents.
61 Corcharodon megalodon, dents.
62 Côte de mammifère.
63 Côte de dauphin.
64 Caisse auditive de dauphin.
65 Halitherium, côte.
66 Dent molaire d'Halitherium Beaumontii.
67 Dent de cétacé (gʳᵉ indéterminé)
68 Vertèbre caudale d'Halitherium.
69 Vertèbre de phoque.
70 Vertèbres de squale.
71 Vertèbres de squale.
72 Vertèbres de squale.
73 Vertèbres de squale.

74 Pristis (scie).
75 Phyllodus.
76 Vertèbres de squale.
77 Cétacé , genre Squalodon , dent antérieure.
78 Myliobates arcuatus, dents.
79 Myliobates arcuatus, dents.
80 Empreinte de myliobates micropleurus (voir le n° 88).
81 Myliobates.
82 Myliobates.
83 Myliobates.
84 Myliobates.
85 Myliobates.
86 Indéterminé.
87 Cerveau de dauphin , *Delphinus sulcatus*.
88 Myliobates micropleurus (dents supérieures).
89 Côtes d'halitherium.
90 Vertèbres d'halitherium.

Fossiles des marnes bleues (*Etiquettes rouges*).

1 Lamna elegans, dents.
2 Otodus, dents.
3 Otodus, dents.
4 Hemipristis serra, dents.
5 Hemipristis paucidens, dents.
6 Lamna dubia, dents.
7 Oxyrhina xiphodon, dents.
8 Vertèbres de squale.
9 Vertèbres de squale.
10 Vertèbres de squale.
11 Vertèbres de squale.
12 Squale (ange), dents.
13 Otodus, dents.
14 Galeocerdo aduncus, dents.
15 Notidamus primigenius , dents.
16 Notidamus, dents latérales.
17 Lamna elegans, dents.
18 Lamna dubia, dents.
19 Corcharodon megalodon, dents.
20 Corcharodon megalodon, dents.
21 Boucles cutanées de squale.
22 Dents de squale indéterminé.
23 Oxyrhina hastalis, dents.
24 Dents de squale indéterminé.
25 Dents de squale indéterminé.
26 Oxyrhina Desorii, dents.
27 Centrina (Humantin), dents.
28 Hemipristis serra, dents.
29 Dents de scyllium, dents.
30 Dents de squale indéterminé.
31 Dents de squale indéterminé.
32 Otodus, dents.
33 Dents de squale indéterminé.
34 Dents de dauphin.
35 Oreille moyenne de dauphin.
36 Dauphin, dents.
37 Mâchoire inférieure de dauphin.
38 Vertèbre de mammifère.
39 Myliobates, dents.
40 Myliobates, dents.
41 Myliobates arcuatus, dents.
42 Myliobates arcuatus, aiguillon.
43 Myliobates arcuatus, aiguillon.
44 Myliobates arcuatus, aiguillon.
45 Myliobates arcuatus, dents.
46 Myliobates arcuatus, dents.
47 Sphyrœna, dents.
48 Dents de poisson indéterminé.
49 Dents de poisson (genre Pagel).
50 Sargus et chrysophrys, dents.
51 Chrysophrys (g^{re} dorade), dents.
52 Chrysophrys, dents.
53 Chrysophrys, dents.
54 Vertèbre de phoque.
55 Cerveau de dauphin (moule intérieur du crâne).
56 Cerveau de dauphin.
57 Tête de dauphin. (Voir les n°s 34, 35, 55, 56.)

Le docteur Delmas a mis plus de dix ans à réunir cette belle collection de fossiles, particulièrement remarquable par les nombreux débris de poissons et de mammifères qu'elle renferme. On y remarque la plupart des espèces signalées par MM. Agassiz et P. Gervais dans les terrains miocènes marins du Midi de la France, et les débris de quelques espèces, non encore observées par les naturalistes, telles que le Humantin fossile, etc. M. Delmas a eu soin de séparer les fossiles propres à la molasse coquillière de ceux que lui ont fournis les marnes bleues supérieures à la molasse.

13 — BOUTIN, professeur à Ganges , Hérault (4).

Collection géologique et paléontologique recueillie aux environs de Ganges, Hérault.

LISTE DES OBJETS EXPOSÉS D'APRÈS LE CATALOGUE DRESSÉ PAR L'EXPOSANT.

Période actuelle.

1 Jades taillés en hache (âge de pierre), Patus de la Moure, commune des Beaucels , canton de Ganges.
2 Silex taillés par l'homme (âge de pierre) grotte de Laroque, canton de Ganges.

Cavernes et brèches osseuses.

3 Ursus spelœus cubitus.
4   —   radius
5   —   maxillaire inférieur.
6   —   maxillaire inférieur jeune âge.
7   —   incisives
8   —   canines
9   —   molaires (petites)
10   —   molaires.

Tous ces débris proviennent de la caverne de la Salpétrière sur la route de Ganges à Saint-Laurent-le-Minier.
11 Rhinocéros (molaire), brèche osseuse de Pedemar, près Saint-Hippolyte-du-Fort, Gard.
12 Fragment de machoire de ruminant , même provenance que le précédent.

Terrain tertiaire.— Etage miocène.

13 Anthracotherium magnum, moule d'une incisive dont l'original a été donné à le Faculté des sciences de Montpellier, et signalé par M. Paul Gervais comme indiquant le terrain miocène aux environs de Ganges, Montoulieu, canton de Ganges.

Terrains crétacés.— Etage néocomien.

14 Dents de squalides , Ginestoux commune des Beaucels , canton de Ganges.
15 Dents palatines de squalides , même provenance.
16 Dents palatines de squalides , la Moure , commune des Beaucels , canton de Canges.
17 Aptychus lœvis, Ginestous, Beaucels.
18 Serpula recta, Blancardi, commune de Montoulieu, canton de Ganges.
19 Belemnites latus , Ginestous.
20 La même, plus complète id.
21 La même (variété),   id.
22 Variété de la même,   id.
23 Bélemnites dilatatus,   id.
24 Belemnites Conicus,   id.
25 La même,   id.

26 Bélemnites mucronatus , Ginestous.
27 Bélemnites minimus,   id.
28 Bélemnites grasianus ?   id.
29 Bélemnites orbignaganus ,   id.
30 La même, pendue longitudinalement, Ginestous.
31 Bélemnites extinctorius , Ginestous.
32 Bélemnites pistiliformis ,   id.
33 Bélemnites ,   id.
34 Bélemnites ,   id.
35 Nautilus plicatus, Brissac.
36 Ammonites,   id.
37 Ammonites asterianus, l'Olivier, commune de Beaucels , canton
    de Canges.
38 Ammonites cryptoceras, Beaucels, Hérault.

39 Ammonites asperrimus ,
40   Id.   radiatus,
41   Id.   Grasianus ,
42 La même jeune,   •
43 La même ,   Commune de Beaucels.
44 Ammonites néocomiensis ,
45   Id.   clypeiformis,
46   Id.   belus ,
47   Id.   Thetys ,

48 Ammonites
49   Id.
50   Id.   Indéterminées, Beaucels, Hérault.
51   Id.
52   Id.
53   Id.

54 Loges d'ammonites , du mas de Laroque , commune de Cazilhac ,
    canton de Ganges.
55 Ammonites , Beaucels, Hérault.
56   Id.   id.
57 Crioceras Duvalii , Montoulieu.
58 Natica,   id.
59 Pleurotomaria , neocomiensis, Montoulieu.
60 Pholadomya elongata,   id.
61 Panopœa neocomiensis,   id.
62 Leda scapza ?
63 Indéterminé,
64 Venus Ricordeana ,   id.
65 Indéterminé,   id.
66 Indéterminé , Moulés , Hérault.
67 Indéterminé , Montoulieu.
68 Pecten Goldfusii, Beaucels.
69 Pinnigenna,   id.
70 Ostrœa Couloni , Montoulieu.
71 Moule intérieur de la même espèce, Beaucels.
72 Rhynchonnella,   id.
73   Id.   id.
74 Ryrinchonnella sulcata ,   id.

75 Rychonnella depressa , Beaucels.
76 ⎱ Terrebracuta moreana ,   id.
77 ⎰   id.
78 Terebratula moutaniana,   id.
79 Terebratula (moules),   id.
80 Terebratula tamarindus , id.
81   Id.   diphyoïdes, Les Pins, commune de Laroque , canton
   de Ganges.
82 Terebratella , Beaucels.
83 Terebrirostra,   id.
84 Cidaris punetata, id.
85 Cidaris,   id.
86 Hemicidaris,   id.
87   Id.   id.
88 Toxaster complanatus , Montoulieu,
89 Empreintes de cidaris sur Celestine , Beaucels.
90   Id.   La Moure , Ganges.
91 Phyllocrinus, espèce unique, Beaucels..
92 Articulations d'Encrinites.   id.
93   Id.   de Pentacrinites, id.
94 Indéterminé,   id.
95 Indéterminé,   id.

Terrains jurassiques.— Étage corallien.

96 Belemnites Rans , Ganges , Hérault.
97 Nautilus, mont de la Serane, près Ganges.
98 Trochus,   id.
99 Natica grandis Rans , Ganges, Hérault.
100 Indéterminé,   id.
101 Avellana , La Serrane, près Ganges.
102 Nerinea Defrancii ,   id.
103   Id.   Rans, Ganges.
104 ⎱ Diceras Munsterii, La Serrane.
105 ⎰
106   Id. Arietina,   id.
107 Indéterminé,   id.
108 Panopœa,   id.
109 Pecten niveus,   id.
110   Id.   id.
111 Indéterminé,   id.
112 Ostrœa   id.
113 Rhynchonella inconstans,   id.
114 Terebratula Rupellencis ?
115   Id.   equestris ,   id.
116   Id.   Repeliniana,   id.
117   Id.   id.
118 Terebratella,   id.
119   Id.   id.
120 Ruppellencis jeunes,   id.
121 Cidaris blumenbachii,   id.
122 Baguettes de cedaris , Cazilbac, Hérault.
123   Id.   d'hemicidaris , Id.

124 Indéterminé, Rans, près Ganges.

126 ⎫
127 ⎪
128 ⎪
129 ⎬ Polypiers,   id.
130 ⎪
131 ⎭

Etage oxfordien.

132 Belemnites indéterm. Rogues, Gard.
133   Id.   hastatus.   id.
133 *bis* Id.   id.   id.
134   Id.   indéterm. Sumène, Gard.
135   Id.   Sauvanausus, Rogues.
136   Id.   latesulcatus   id
137 Loges aériennes de Belemnites, Sumène.
138 Ammonites Eucharis,   id.
139 la même sciée par le milieu,   id.
140 Ammonites plicatilis ou biplex   id.
141 La même sciée par le milieu,   id.
142 Ammonites latedorsatus,   id.
143   Id.   cordatus,   id.
144   Id.   Toucasianus,
145   Id.   oculatus, Sumène.
146   Id.   tortisulcatus, id.
147   Id.   canaliculatus, Caucanas, Gard.
148   Id.   perarmatus, Sumène.
149   Id.   tatricus,   Rogues.
150   Id.   Sumène.
151 Rynchonella,   id.
152   id.   lacunosa, Rogues, Gard.
153 Terebratula nucleata,   id.
154 Terebratula insignis? Pic d'Anjau, Gard.
155   id.   id.   Le Puech, Gard.
156 Indéterminé,   id.
157 Eugeniacrinus nutans, id.
158 Collyrites capistratus,   id.

Etage toarcien, d'Orbigny (marnes supra liasiques).

159 Belemnites tripartitus, le Téron-Ceras, Gard.
160   Id.   elongatus   id.
161   Id.   niger,   id.
162 Ammonites bifrons,   id.
163   Id.   mucronatus,   id.
164   Id.   cornucopiæ,   id.
165   Id.   sternalis,   id.
166   Id.   heterophyllus,   id.
167   Id.   complanatus,   id.
168   Id.   candidus,   id.
169   Id.   calypso,   id.
170   Id.   radians,   id.
171 Turbo subduplicatus,   id.

172 Cerithium armatum, le Téron, Cézas, Gard.
173 Natua Pelops,   id.
174 Terebratula Leopoldina,   id.

Étage liasien d'Orbigny.

175 Rynchonella tetraedra, le Clau, commᵉ de Gornier, cant. de Ganges.
176 Terebratula.— Dans les dolomies de Figaret, Saint-Hippolyte, Gard.

Etage sinemurien, d'Orbigny.

177 Unciardium, mont Lafage, Gard.
178 Ostræa arcuata,   id.
179 Indéterminé, Cambo, Gard.
180   Id.   Lafage.

Etage carboniférien. — Végétaux.

181 Sphenopteris, Sounalou, près Sumène, Gard.
182 Sigillaria,   id.
183 Lepidodendron,   id.
184 Odontopteris,   id.
185   Id.,   id.
186 Indéterminé,   id.
187 Houille.   id.

Roches et Minerais.

188 Granit, torrent de Sumène.
189 Gneiss, id.
190   Id. lit de l'Ensumène.
191 Schiste talqueux, Saint-Laurent-le-Minier.
192 Dolomie oxfordienne, pic d'Anjau, Gard.
193 Grès triasique,   id.
194 Calcaire oxfordien, La Roque, près Ganges.
195 Engaube, étage oxfordien, pont des Chèvres, Ganges.
196 Poudingue, Saint-Bauzile-de-Putois, Hérault.
197 Marnes oxfordiennes, pont des Chèvres.
198 Calcaire corallien, la Serrane, Hérault.
199 Calcaire néocomien, Montoulieu.
200 Grès miocène,   id.
201 Tuf calcaire, pont Saint-Laurent-le-Minier.
202 Id. Gorniès, canton de Ganges.
203 Lignite de Montoulieu,   id.
204 Quartz, lit de l'Hérault.
205 Fraidronite, id., près Saint-Bauzile-de-Putois.
206 Kaolin, Maudesse, Gard.
207 Silex pyromaque, Beaucels, canton de Ganges.
208 Spath d'Islande, route de Ganges à Saint-Laurent-le-Minier.
209 Marbre, pont des Chèvres, Ganges.
210 Galet, lit de l'Hérault.
211 Stalactite, grotte des Demoiselles, près Saint-Bauzile-de-Putois,
       canton de Ganges.
212 Sulfate de baryte, Crenze, Gard.
213 Id.   de strontiane, Ganges.
214 Fer hydraté, Montméjean, Ganges.
215   Id.   id.

216 Fer concrétionné, pont des Chèvres.
217 Galène argentifère, Saint-Laurent-le-Minier.
218 Bournonite,   id.
219 Cuivre carbonaté,   id.

14 — BIBLIOTHÈQUE DE LA VILLE DE NIMES (109).

Ancienne collection Séguier.

1 Cent dix empreintes de poissons fossiles, principalement du Monte-Bolca, près de Vérone, haute Italie.
2 Six empreintes de poissons du terrain permien d'Allemagne.
3 Bel échantillon de quartz hyalin poli contenant des aiguilles capillaires de titane oxidé.
4 Cinq plaques polies de quartz agate.
5 Deux belles géodes de quartz agate avec cristaux de quartz hyalin enfoui dans l'intérieur.
6 Deux belles géodes avec cristaux de quartz améthyste dans l'intérieur.
7 Jaspe rouge et vert rubané, plaque polie.
8 Jaspe jaune et vert rubané, plaque polie.
9 Jaspe rouge, plaque polie.
10 Jaspe zonaire vulgairement cailloux d'Egypte, plaque polie.
11 Jaspe panaché ou jaspe fleuri, plaque polie.
12 Poudingue siliceux dit cailloux de Rennes, plaque polie.
13 Deux plaques polies avec dendrites profondes de manganèse hydraté, Toscane.
14 Rognon de chaux carbonatée marneuse (Ludus Helmontii des anciens minéralogistes),.une des surfaces est polie.
15 Dix échantillons de bois fossiles siliceux dont plusieurs polis.
16 Echantillons d'asberte.
17 Trente-six grandes plaques polies de marbres rares et variés.

Les poissons fossiles du Monte-Bolca ont été décrits par Volta , de Blainville et Agassiz.

La collection de ces poissons que possède la ville de Nimes est très remarquable ; elle appartenait , ainsi que la collection de minéraux qui se trouve aujourd'hui à la bibliothèque au savant Séguier qui la légua par testament à l'Académie de Nimes, avec sa riche bibliothèque et ses manuscrits. — Séguier mourut le 1er septembre 1784.

15 — BOYER Edouard , pharmacien à Nimes (3).

Brèche osseuse, renfermant une grande quantité d'ossements de lapins, trouvée aux carrières de Barutel, près Nimes.

16 — FACULTÉ DES SCIENCES DE TOULOUSE. — Exposition faite par les soins de M. Leymerie , professeur de minéralogie et de géologie (70).

LISTE DES MINÉRAUX EXPOSÉS.

1 Aérolithe, fragment d'une masse pesant 40 kilog., tombée à Ausson, près Montréjeau , Haute-Garonne, le 9 décembre 1858. Poids, 858 grammes.

2 Aérolithe, très attirable à l'aimant, tombée de l'atmosphère, en 1814, près Sainte-Livrade, Lot-et-Garonne.

3 Sel gemme (soude muriatée), à clivage cubique, de la mine de Villefranque, Basses-Pyrénées.

4 Epsomite (magnésie sulfatée), bacillaire, en veines dans le gypse de Fitou, Corbières.

5 Gypse cristallisé limpide, beau prisme hémitrope, de la platrière de Barlest, Hautes-Pyrénées, au voisinage de l'Ophite.

6 Anhydrite lamelleuse, légèrement violâtre, dans le gypse de l'Ariége.

7 Anhydrite lamello-fibreuse, dans le gypse métamorphique d'Arnave, Ariége.

8 Barytine, en prismes tabulaires primitifs, recouverte de pyrite, seulement d'un côté, de Hongrie.

9 Barytine en belles tables, groupées, en prisme rhomboïdal primitif, aplati, tronqué sur ses angles, de Schmnitz, en Hongrie.

10 Calcaire en scalénoèdre métastatique, avec galène en gouttes cristallines sur quartz, Freyberg, Saxe.

11 Calcaire en beaux cristaux, composés du rhomboëdre primitif et d'un scalénoèdre, lardés de cristaux de quartz chlorité, du Bourg-d'Oisans, Dauphiné.

12 Calcaire en scalenoèdres modifiés, dont l'accroissement est indiqué par un tapis de chalkopyrite, du Derbishire, Angleterre.

13 Calcaire cristallin avec paillettes de graphite, dans le terrain granitique de Helette, Basses-Pyrénées.

14 Calcaire en petites concrétions cylindrides, fistulaires allongées, formant des rosaces sur une druse de quartz, provenant d'un filon des environs de Freyberg, Saxe.

15 Calcaire concrétionné, en mamelons conoïdes qui s'emboîtent (Tophus turbinatus, Linné), avec cavités conoïdes, striées à la partie inférieure.

16 Calcaire en rhomboèdre inverse, dans la limonite en roche de Riancie, près Vicdessos, Ariége.

17 Calcaire, beau groupe de prismes hexagonaux oblitérés, Baréges, Hautes-Pyrénées.

18 Calcaire compacte noir, en rognon cloisonné par du spath calcaire (Ludus). Chaque cloison offre vers son milieu un rognon de pyrite, des Corbières, Aude.

19 Aragonite coraloïde. des mines de fer de la tour de Batère, Pyrénées-Orientales.

20 Fluorine cubique, saupoudrée par places de très petits cristaux de chalkopyrite, de Gersdorf, près Freyberg, Saxe.

21 Fluorine cubique revêtue d'un tapis cristallin, avec galène cubique sur quartz, du Derbyshire, Angleterre.

22 Fluorine en octaèdres réguliers, recouverte d'un tapis de quartz, sur lequel se trouvent des cubes de la même espèce.

23 Béryl d'un gris verdâtre dans le quartz, de la pegmatite de Maccaye, Basses-Pyrénées. Le premier béryl recueilli dans les Pyrénées par M. Leymerie.

24 Grenat noir (pyrenaite), en petits dodécaèdres rhomboïdaux, dispersés en grand nombre sur un calcaire noir silurien, Pic d'Ereslitz, près Baréges.

25 Grenat dodécaèdre de couleur canelle, avec idocrase, dans le calcaire métamorphique, Hautes-Pyrénées.

26 Grenat almandin dodecaèdre recouvert d'un enduit talqueux, cristal d'une grosseur extraordinaire : longueur de son axe, 14 centimètres, de Fahlun, en Suède.

27 Idocrase en gros cristaux emboîtés, prisme carré tronqué sur toutes les arètes avec grenat, en Norwège.

28 Tourmaline noire en prisme à 9 pans sur du talc massif du Greinco, en Tyrol.

29 Tourmaline noire schorlique en prisme à 9 pans striés avec quartz, du Saint-Gothard, en Suisse.

30 Tourmaline schorlique en prismes terminés par la pyramide primitive, dans la pegmatite vallée de Vicdessos, Ariege.

31 Axinite en masse lamelleuse violâtre et grenat brun clair dans le calcaire cristallin , Pic d'Arbizon, Hautes-Pyrénées.

32 Axinite en prisme bi-obliques primitifs simples ou tronqués sur une ou deux arètes, Pic d'Ereslitz, près Barèges.

33 Quartz hyalin (cristal de roche) cristallisé , pénétré d'amiante et de chlorite enchassant un rhomboèdre primitif de calcaire , remarquable par son clivage sur numéraire , du Pic d'Ereslitz, près Barèges. Morceaux des plus curieux.

34 Géode d'agate, revêtue intérieurement d'amétyste , renfermant un beau cristal de calcaire ferro-manganésien (prisme hexagonal terminé par le rhomboèdre equiaxe). Duché de Deux-Ponts.

35 Calcédoine guttulaire et floriforme des calcaires crétacés de Cazeneuve, Haute-Garonne, produit par des eaux termales siliceuses.

36 Opale commune xiloïde (tronc de palmier), du Mexique.

37 Poudingue siliceux poli d'Angleterre.

38 Albite vitreuse en cristaux aplatis mâclés recouverts de petites pointes cristallines sur les faces, formant un tapis sur une cornéenne avec amiante, Barèges. Hautes-Pyrénées.

39 Cornéenne avec aibite cristalisé et byssolite, des environs de Barèges.

40 Pegmatite graphique à minces filets quartzeux , Macaye , Basses-Pyrénées.

41 Hornstein pseudomorphique en prismes hexagonaux creux, modelés sur du calcaire qui a disparu près de Scheeberg , Saxe.

42 Prehnite en petites tables primitives groupées , chloritées seulement sur une face de l'échantillon , passage à la koupholite du lac de Licou, près Barèges.

43 Prehnite flabelliforme avec axinite cristallisée en prismes primitifs, Pic d'Ereslitz, près Barèges.

44 Prehnite lamelliforme (koupholite) en lamelles rhomboïdales tronquées sur les angles aigus, Pic d'Ereslitz, près Barèges.

45 Chabasie cristallisée sur une cornéenne du Rioumaou, près Saint-Sauveur, Hautes-Pyrénées.

46 Andalousite vitreuse brune en prisme primitif dans le quartz , cirque du lac Bleu, Hautes-Pyrénées.

47 Mâcle en prismes primitifs sur un schiste cristallin pétri de cristaux du même minéral, Pic du Midi de Bigorre.

48 Couzeranite verte en prismes carrés sur du calcaire , d'Aulus , Ariége.

49 Epidote d'un vert de bouteille en prismes allongés sur un schiste argileux, avec albite cristalisée, Pic d'Ereslitz, près Barèges.

50 Wernérite (scapolite), en prismatoïdes for'ement striés , en voie de
     décomposition, d'Aigue-Cluze, près Baréges, Hautes-Pyrénées.
51 Actinote aciculaire rayonnée, de Zillerthal, en Tyrol.
52 Actinote prismatique radiée, même provenance.
53 Gédrite fibreuse radiée, de Bagnéres-de-Luchon.
54 Lherzolite très remarquable par ses striées de glissement, vallée de
     Luc, Ariége.
55 Lherzolite en lopin couvert de surfaces polies par écrasement et par
     frottement de l'étang de Lherz, Ariége.
56 Brèche à fragments de calcaire empâtés par la lherzolite, étang de
     Lherz, Ariége.
57 Mica argentin , grandes lames remarquables par une disposition
     striée en trois sens, dans la pegmatite d'Arignac, près Vicdessos,
     Ariége.
58 Mica palme argentin dans une pegmatique très riche en feldspath ,
     sur la zone de sortie des eaux sulfureuses de Luchon.
59 Kaolin dans la pegmatite de Louhoussoa , Basses-Pyrénées.
60 Collyrite concrétionnée de la mine de plomb d'Esquerry, près le lac
     d'Oo, dans les Pyrénées.
61 Limonite (fer oxydé hydraté), en roche, remarquable par sa surface
     polie (miroir), régulièrement striée, mine de la Lapinouse, Pyré-
     nées-Orientales.
62 Limonite concrétionnée (hématite brune), largement mamelonnée ,
     hérissée de pointes stalactiformes, de Rancié, près Vicdessos,
     Ariége.
63 Limonite concrétionnée (hématite brune), mamelonnée fibreuse d'un
     beau noir, Rancié, près Vicdessos, Ariége.
64 Limonite épigène, beau cube à faces striées en trois sens perpendi-
     culaires (triglyphe), Berezoff, Sibérie.
65 Limonite épigène, pénétration de deux hexaèdres striés, de Béon,
     Basses-Pyrénées.
66 Pyrite en rognon sphéroïde de Scanie, Suède. Poids, 6 kilogr. 8 hect.
67 Pyrite cristallisée, sous des formes variées, trente cristaux trouvés
     dans le gypse des environs de Marsoulas, Haute-Garonne.
68 Pyrite cristallisée en hexaèdre, dans le marbre de Saint-Béat, Haute-
     Garonne.
69 Pyrite cristallisée en octaèdre, dans le gypse de Marsoulas, Haute-
     Garonne.
70 Sidérose lenticulaire sur le quartz, vallée de Baigorry, Basses-
     Pyrénées.
71 Acerdèse (manganèse oxidé hydraté), concrétionnée en choux-fleurs
     sur du manganèse oxydé en masse, Riancié, Ariége.
72 Soufre thermogène en plaques cristallines, recueillies par M. Filhol
     sur les parois des galeries des thermes de Luchon.
73 Stibine (antimoine sulfuré) aciculaire radiée avec barytine ;
     Piresnitz, Hongrie.
74 Galène épigène (plomb bleu), en prismes hexagonaux très réguliers,
     jadis composés de plomb phosphaté, de la mine d'Huelgoët, Bre-
     tagne.
75 Galène lamelleuse, pénétrée par du quartz , Argut-Dessus, Haute-
     Garonne.
76 Melinose (plomb molybdaté), en petites tables carrées et octogonales,
     sur du calcaire compacte, Bleyberg en Carinthie.

77 Oligiste écailleux. mine de Rancié, près Vicdessos, Ariége.
78 Pyrolusite (manganèse oxydé) aciculaire radiée sur la limonite en roche, de Rancié, près Vicdessos, Ariége.
79 Ranciérite (manganèse oxydé hydraté) concrétionnée, Rancié, Ariége.
80 Ranciérite (manganèse oxydé hydraté) concrétionnée , argentine passant à l'état terreux, Rancié, près Vicdessos, Ariége.
81 Diallogite (manganèse carbonaté) rose en rhomboèdes primitifs, sur du calcaire de vieille (Auré), dans les Hautes-Pyrénées.
82 Antimonickel (nickel antimonié sulfuré) en veines et en taches dans un calcaire cristallin, Saint-Sauveur, Hautes-Pyrénées.
83 Erythrine (cobalt arséniaté) en efflorescences terreuses, sur smaltine en masse, vallée de Gixtain, Pyrénées de l'Aragon.
84 Chalkopyrite (cuivre pyriteux) cristallisée en sphénoèdres sur les angles, dans le quartz du filon des Trois-Rois, à Baigorry, Basses-Pyrénées.
85 Chalkopyrite (cuivre pyriteux) en sphénoèdres cunéiformes tronqués sur les angles. dans une sidérose spathique , Baigorry, Basses-Pyrénées.
86 Malachite (cuivre carbonaté vert) soyeuse, de la Fouria, monts Ourals.
87 Cinabre formant une veine dans le terrain cristallophyllien , de Réalmont, Tarn.
88 Argent natif, en masse cristalline ramulaise, des mines de Konysberg, en Norwége, donné par Sa Majesté Charles-Jean, roi de Suède. Poids, 784 grammes.
89 Or natif, en pépites, dont la plus grosse empate des grains de quartz, de la rivière d'Ariége. (Quatre morceaux.)
90 Résine fossile, du terrain à lignite (crétacé inférieur) de Saint-Lon, Landes.
91 Schiste graphitique silurien, portant un double pli bien marqué , d'Artigues, vallée de la Pique, dans les Pyrénées de la Haute-Garonne.
92 Génithe siliceo-feldspathique voisine du schiste novaculaire (terrain dévonien), de Genotz, vallée de Louron, Hautes-Pyrénées.
93 Ichthyosaurus, grande vertèbre d'origine inconnue , diamètre entre 17 et 18 centimètres, hauteur de 4 à 6 centimètres.
94 Poissons fossiles (alosa elongata) sur un calcaire crayeux tertiaire rempli de test d'infusoires, Oran, Afrique (six individus).
95 Poissons fossiles sur un calcaire éocène du Monte-Bolca , Haute-Italie (trois individus).

C'est à Picot de Lapeyrouse que remonte l'origine et la base du cabinet minéralogique et géologique de Toulouse. Professeur à la faculté des sciences de cette ville , il était parvenu à former une collection remarquable à divers égards, mais particulièrement par ses beaux échantillons pyrénéens. Presque entièrement dévoué aux études botaniques , M. de Lapeyrouse ne s'était occupé de minéralogie que d'une manière accessoire ; mais il avait trouvé, à l'époque où il formait sa collection, un digne collaborateur dans M. de Charpentier , ingénieur saxon, élève de Werner, qui s'occupait alors de son *Essai sur la constitution géognostique des Pyrénées*. Par les soins de ce savant minéralogiste, non seulement la collection de M. de Lapeyrouse fut enrichie de minéraux précieux , mais encore elle fut classée et étiquetée avec soin. Après la mort de M. de Lapeyrouse, cette collection fut cédée par la famille de ce célèbre naturaliste au gouvernement, et la Faculté des sciences en prit possession en 1823.

Elle se composait alors de 2,545 morceaux , savoir :

> Terres et pierres..................... 1,364
> Combustibles....................... 80
> Métaux............................ 1,101
> ─────────
> 2545.

Elle comprenait aussi un certain nombre de roches et particulièrement des Pyrénées ; une collection de fossiles des bains de Rennes (Corbières) et quelques autres fossiles isolés. On voit que le cabinet de M. de Lapeyrouse était purement minéralogique. Il ne renfermait aucune collection suivie de roches ni de terrains, ni de fossiles, aucune série locale ou géographique.

Aujourd'hui toutes ces collections existent à la Faculté, et le nombre des échantillons s'élève à plus de 9,000. Ainsi la collection Lapeyrouse a été plus que triplée.

Les collections de la Faculté de Toulouse peuvent être divisées en deux classes :

> 1º Minéralogie.
> 2º Géologie et paléontologie.

1° La minéralogie comprend plusieurs séries établies à des points de vue différents , savoir : *Collection générale.— Collection pyrénéenne. — — Collection des caractères.— Collection cristallographique. — Instruments.— Collection du roi de Suède.*

Cette dernière collection est contenue dans un petit meuble d'acajou, à quatre tiroirs, contenant soixante échantillons de roches et de minerais de fer d'une montagne de Suède qui se trouve représentée en relief sur le meuble. Cette petite collection qui a servi pour l'instruction minéralogique du prince Oscar , depuis roi de Suède, fut donnée par Bernadotte à M. Amédée de Clausade, avocat et médecin , à la suite du congrès scientifique de Stockholm (1842) pour être placée, comme souvenir, dans les collections de la Faculté des sciences de Toulouse. Pour ajouter à la valeur de ce cadeau, le roi prit sur sa cheminée un magnifique échantillon d'argent natif, extrait des mines de Konygsberg, en Norwége, et le plaça dans un des tiroirs du meuble. Cette belle pièce pèse 784 grammes (Voir liste des minéraux exposés n° 88.)

2° La collection de géologie et de paléontologie est une création nouvelle qui est encore en voie de formation. Elle se compose de *collections générales* et de *collections régionales.* (Voir, pour plus de détails, la notice publiée sur le cabinet minéralogique et géologique de la Faculté des sciences de Toulouse par M. Leymerie. *Revue de l'Académie de Toulouse,* livraison de juillet 1855).

17 — Ecole des Maitres-Ouvriers mineurs d'Alais, Gard (Créée par ordonnance royale du 28 septembre 1843) — (7).

Collection exposée par les soins de M. Descotes, directeur de cette école et ingénieur en chef des mines.

LISTE DES ÉCHANTILLONS EXPOSÉS.

1 Charbon dur de Champclauson, arrondissement d'Alais. Couche de 4^m d'épaisseur; charbon sec à courte flamme, 12 fr. 90 c. la tonne; 160 ouvriers, 3,500 tonnes par an. Employé au chauffage domestique.

2 Charbon bitumineux de Portes, arrond. d'Alais. Couche de la Rouvière, du canal de Sainte-Amélie, 1^m 20 à 2^m d'épaisseur; 18 fr. 90 c. la tonne; 700 ouvriers, 77,000 tonnes par an. Même qualité qu'à Bességes, Trélys, Lalle. Employé à la fabrication du gaz.

3 Houille maréchale de la Grand'Combe, arrondissement d'Alais. Couche Abylon, de 2^m 50 d'épaisseur; 10 fr. 30 c. la tonne; 800 ouvriers, 73,000 tonnes par an. Très propre à la fabrication du coke.

4 Charbon de Saint-Jean-de-Valériscle, arrondissement d'Alais. Couche de 1^m d'épaisseur; houille maigre; 13 fr. 50 la tonne; 60 ouvriers, 10,000 tonnes par an. Employé au chauffage des chaudières à vapeur.

5 Houille stipite de Trévézel, arrondissement du Vigan. Dans le terrain jurassique. Couche de 1^m d'épaisseur; houille demi-grasse; 10 fr. la tonne; 20 ouvriers, 2,000 tonnes par an. Chauffage domestique et industries diverses.

6 Lignite de Barjac, arrondissement d'Alais. Du terrain tertiaire, 2^m d'épaisseur; 6 fr. 10 c. la tonne; 6 ouvriers, 700 tonnes par an. Chauffage domestique et industries diverses.

7 Lignite de Connaux, arrondissement d'Uzès. Du terrain crétacé, 0^m 80 d'épaisseur; 8 fr. la tonne; 16 ouvriers, 2,200 tonnes par an. Chauffage des chaudières à vapeur dans les filatures de soie; cuisson de briques et de la chaux.

8 Lignite de Saint-Paulet avec succinite, arrondissement d'Uzès. Du terrain crétacé, 1^m 20 d'épaisseur; 8 fr. 80 c. la tonne; 30 ouvriers, 7,500 tonnes par an. Magnaneries des environs.

9 Schiste bitumineux de Vénéjan, arrondissement d'Uzès. Considéré comme crétacé, 1^m d'épaisseur, non exploité. Utilisé dans d'autres localités, à la fabrication de l'huile d'éclairage. Sa valeur est de 7 fr. 50 c. la tonne, environ.

10 Minerai de manganèse, de Saint-Jean-du-Gard, arrondissement d'Alais. En veines dans le granit, inexploité.

11 Fer hydroxydé stalactiforme, de Panissière, arrondissement d'Alais. Très peu sulfureux, quoique provenant de la décomposition des pyrites; 35 0/0 de fonte; 6 fr. la tonne sur place et 12 fr. à l'usine de Tamaris; 6 ouvriers; 1,500 tonnes par an. Employé à la fabrication de la fonte de moulage.

12 Fer hydroxydé friable, de Pallière, arrondissement du Vigan. Provient de la décomposition de pyrites, 45 0/0 de fonte. Exploitation à ciel ouvert faite irrégulièrement, suivant les besoins; 11 fr. la tonne, rendue à l'usine de Tamaris. Fabrication de la fonte pour rails.

13 Fer hydroxydé calcaire, de Saint-Julien, arrondissement d'Alais. Provient de la décomposition des pyrites sulfureuses; 15 ouvriers, 10,000 tonnes par an; 4 fr. 50 c. la tonne sur place et 6 fr. 50 c. à l'usine de Tamaris. Fabrication de la fonte pour rails.

14 Minerai de fer, de Pierremorte, arrondissement d'Alais. Dans le calcaire oolitique du terrain jurassique, 1ᵐ 20 d'épaisseur, 25 0/0 de fonte ; 30 ouvriers, 7 à 8,000 tonnes par an ; 12 fr. la tonne rendue à l'usine de Bességes.

15 Minerai de fer oligiste, de Pierremorte, arrondissement d'Alais. Dans le terrain oxfordien, 1ᵐ 20 d'épaisseur ; minerai siliceux, 40 0/0 de fonte ; 15 ouvriers, 4,000 tonnes par an ; 20 fr. la tonne rendue à l'usine de Bességes.

16 Minerai de fer hydroxydé, du Travers, arrondissement d'Alais. Dans le Trias. Passe quelquefois au fer carbonaté, 33 0/0 de fonte ; 135 ouvriers, 20,000 tonnes par an ; 12 fr. la tonne. Usine de Bességes.

17 Fer carbonaté lithoïde, de Palmesalade, arrondissement d'Alais. Du terrain houiller, 45 0/0 de fonte ; 133 ouvriers, 5,800 tonnes par an ; 28 fr. 30 c. la tonne de minerai grillé. Usine de Tamaris.

18 Minerai de fer, de Pont-Saint-Esprit, arrondissement d'Uzès. Au dessous du terrain à lignite. Considéré comme crétacé. Inexploité.

19 Minerai de fer, de la Capelle, arrondissement d'Uzès. Considéré comme crétacé. Inexploité.

20 Minerai de fer, de Blauzac, arrondissement d'Uzès. Considéré comme crétacé. Inexploité.

21 Minerai de fer, de Saint-Jean-du-Gard, arrondissement d'Alais. Tête d'un filon de pyrite dans le granit. Inexploité.

22 Galène argentifère, de Carnoulès, arrondissement d'Alais. Filon couche dans les grès du trias, 4ᵐ d'épaisseur. Poudingue quartzeux et feldspathique à pâte de galène, 150 ouvriers ; 5,480 tonnes de minerai brut, valant 38 fr. 20 c. la tonne, et rendant 12 0/0 de plomb, 200 grammes d'argent aux 100 kil. de plomb.

23 Galène argentifère, de Pallières, arrondissement du Vigan. Dans les dolomies du trias et du lias, au contact du granit ; 60 ouvriers, 1,800 tonnes par an ; 90 fr. la tonne : 130 grammes d'argent aux 100 kil. de plomb. Mine reprise depuis peu par une compagnie puissante (Pastré et Cⁱᵉ, de Marseille).

24 Plomb sulfaté, de Pallières, arrondissement du Vigan. Associé à la galène du même gîte, 180 grammes d'argent aux 100 kil. de plomb.

25 Alquifoux avec chaux carbonatée, de Durfort, arrondissement du Vigan. Dans la dolomie infraliasique ; 400 tonnes. Travaux irréguliers. Mine acquise par la compagnie Pastré.

26 Galène de Malons, arrondissement d'Alais. Filon dans les schistes anciens. La concession en est demandée.

27 Galène de Laval, avec blende, arrondissement d'Alais. Filon dans les dolomies du lias ; 5 ouvriers ; 200 tonnes. Le minerai de plomb n'a pas encore été préparé mécaniquement. La blende vaut 30 fr. la tonne, à 30 0/0 de métal.

28 Blende de Saint-Martin, arrondissement d'Alais. Noire et ferrugineuse, avec galène et pyrite. Concession de pyrite de Saint-Félix, inexploitée.

29 Blende de Durfort, arrondissement du Vigan. Noire et plombeuse. Même gisement que la galène de cette localité ; 33 fr. la tonne. Travaux irréguliers. On extrait 10 à 20 tonnes de blende en même temps que la calamine. Mine acquise par la compagnie Pastré.

30 Calamine de Durfort, arrondissement du Vigan. Accompagne la
blende dans le même gîte ; 33 fr. la tonne. Pas d'exploitation
régulière. Mine acquise récemment par la Compagné Pastré.

31 Calamine de Pallières, arrondissement du Vigan. Amas encaissé
dans les calcaires du lias ; 33 fr. la tonne , 10 ouvriers , 120
tonnes. Mine passée aux mains de la compagnie Pastré.

32 Calamine de la Fond du Rouve, arrondissement d'Alais. En poche
dans le calcaire oxfordien. Ferrugineuse, non concédée.

33 Blende mielleuse et calamine de Clairac , arrondissement d'Alais.
Dans les calcaires du lias. Travaux de recherches. Mine acquise
récemment par la compagnie Pastré.

34 Calamine du valat de Fontane, arrondissement d'Alais, avec plomb.
Dans le trias ; non concédée.

35 Antimoine sulfuré du Fraissinet, arrondissement d'Alais. Filon dans
les schistes anciens. Concédé , mais inexploité. On extrait quelque peu de minerai dans la concession voisine de Malbos, Ardèche. Sa valeur est de 60 fr. le quintal métrique.

36 Cuivre gris de Laval, arrondissement d'Alais. Filon de contact entre le trias et le lias ; 0^m 70 c. d'épaisseur. Cuivre carbonaté aux
affleurements. Cuivre gris arsénical dans la profondeur. Concédé,
mais inexploité. Renferme 400 grammes d'argent aux 100 kilogrammes de minerai.

37 Cuivre carbonaté bleu de Laval, arrondissement d'Alais. Filon de
contact entre le trias et le lias , 0^m 70 c. d'épaisseur. Concédé
mais inexploité.

38 Cuivre pyriteux de la Cledette , arrondissement du Vigan , En
veines dans le granit, près Lasalle. Non concédé.

39. Cuivre pyriteux de Soudorgues , arrondissement du Vigan. En
veines dans le granit près Lasalle. Non concédé.

40 Cuivre pyriteux de Saint-Sauveur arrondissement du Vigan. Filon
de quartz de 6 à 7 mètres d'épaisseur dans le trias. La concession est sur le point d'être accordée.

41 Pyrite compacte du Soulier, arrondissement d'Alais. Filon au contact du trias et du lias ; 4 veines de 0^m60 c. à 1^m 50 c. , 160
ouvriers , 15,000 tonnes , 14 fr. la tonne. Fabrication de l'acide
sulfurique.

42 Pyrite friable de Panissières, arrondissement d'Alais Filon au contact du trias et du lias, 1^m 50 c. d'épaisseur récemment concédé.
25 ouvriers , 10 tonnes par jour ; 14 fr. la tonne. Fabrication de
l'acide sulfurique.

43 Pyrite calcaire de St-Julien, arrondissement d'Alais. Filon couché
au contact du lias et du calcaire oolitique ; 12^m d'épaisseur 115
ouvriers , 2,000 tonnes par an , 14 fr. 50 la tonne. Fabriques
de produits chimiques de Marseille et de Salindres près Alais.

44 Pyrite de fer de Saint-Jean-du-Pin, arrondissement d'Alais, Filon
au contact du trias et du lias, 20 ouvriers , 600 tonnes ; 13 fr. la
tonne. Fabrication de l'acide sulfurique.

45 Pyrite jaune de Pallières et Gravoullières , arrondissement du Vigan , au contact du granit et du trias , on la suppose aurifère.
12 ouvriers 800 tonnes par an, 7 fr. 00 c. la tonne sur place. Fabrication de l'acide sulfurique.

46 Sables aurifères de Gagnères , arrondissement d'Alais. Sables de la rivière de Gagnères. Travaux irréguliers et de peu d'importance. On trouve aussi un peu d'or au milieu de terres rougeàtres qui paraissent se trouver dans le prolongement de filons pyriteux sur la rive droite de la Cèze.

47 Calcaire asphaltique de Servas , arrondissement d'Alais. Calcaire d'eau douce tertiaire ; 5 ouvriers, 800 tonnes, 6 fr. la tonne. Fabrication du mastic bitumineux à Alais.

48 Bitume pur de Servas , arrondissement d'Alais. Se trouve accidentellement dans les fentes du calcaire bitumineux.

49 Calcaire asphaltique de Saint-Jean-de-Maruéjols , arrondissement d'Alais. Calcaire d'eau douce tertiaire. 4 ouvriers, 400 tonnes, 6 fr. la tonne. Fabrication du mastic bitumineux à Nimes.

50 Calcaire hydraulique de la Blaquière près Cendras , arrondissement d'Alais. Calcaire du lias. 30 ouvriers, 800 tonnes de chaux par an, 8 fr. la tonne à Alais. Employé dans les constructions.

51 Pierre à ciment de Meyrannes, arrondissement d'Alais. Calcaire du lias ; 15 fr. le mètre cube. Valeur du ciment, 4 fr. les 100 kilogrammes. Fabrication inactive.

52 Pierre de taille blanche de Brouzet, arrondissement d'Alais. Terrain crétacé , couche très épaisse et d'une grande homogénéité 10 ouvriers , 300 mètres cubes par an. 10 fr. le mètre cube sur place. Monuments funèbres , entablements. Ce calcaire est aussi exploité pour la fabrication de soude de Salindres.

53 Pierre de taille de Beaucaire, arrondissement de Nimes. Molasse calcaire marine. Bancs très épais de calcaire à grains fins, tendres et homogènes. 200 ouvriers , 20 à 25,000 mètres cubes par an ; 12 fr. le mètre cube sur place. On l'exporte jusqu'à Lyon et Marseille.

54 Pierre lithographique du Vigan, arrondissement du Vigan. Calcaire oxfordien. Bancs de 10 à 12ᶜ de puissance. 40 ouvriers , tant à la carrière qu'à la fabrique ; 100,000 francs d'affaires par an ; moyenne de la valeur des pierres, 30 fr. Débouché : Angleterre, Amérique, Espagne, Italie, Russie, Nord de la France.

55 Pierre à plâtre de Molière, arrondissement d'Alais. Amas lenticulaires dans le trias ; 10 ouvriers, 600 tonnes par an ; 15 fr. la tonne de plâtre. Employé pour les cloisons à l'intérieur.

56 Gypse blanc de Lasalle, arrondissement du Vigan. Dans le trias ; donne un plâtre blanc valant 40 fr. la tonne. Employé à l'intérieur des appartements pour ornementation.

57 Gypse gris de Générargues, arrondissement d'Alais. Lentille très épaisse dans le trias, près Anduze ; 20 ouvriers, tant à la carrière qu'à la fabrique , 1,100 tonnes par an ; 20 fr. la tonne de plâtre gris à Alais.

58 Baryte sulfatée de Cessous, arrondissement d'Alais. Filons dans les schistes anciens , 0ᵐ80 d'épaisseur, renferme quelquefois des mouches de galène ; inexploitée. Employée en d'autres lieux pour les papeteries , les verreries et les fabriques de céruse. Vaudrait 12 fr. la tonne, rendue à Alais.

59 Terre réfractaire grise de Serviers, arrondissement d'Uzès. Considéré comme crétacé ; 12 ouvriers, 2,000 tonnes ; 4 fr. la tonne sur place et 12 fr. à Alais. Fabrication des briques réfractaires.

60 Terre réfractaire noire de Saint-Victor-des-Oules , arrondissement
    d'Uzès. Considéré comme crétacé, 1^m50 d'épaisseur ; 4 ouvriers,
    100 tonnes par an. Fabrication de briques réfractaires de choix
    pour les usines à fer de Tamaris et de Bessèges.
61 Terre réfractaire rosée, de la Capelle, arrondissement d'Uzès.
    Considéré comme crétacé, 2^m d'épaisseur ; 20 ouvriers travaillant
    irrégulièrement, 1,000 tonnes par an. Fabrication de briques
    réfractaires.
62 Sable jaune de Brouzet, arrondissement d'Alais. Considéré comme
    crétacé ; 2 fr. la tonne sur place. Entre dans la fabrication des
    briques réfractaires de deuxième qualité ; on l'emploie aussi pour
    recouvrir la sole des fours à réchauffer de Tamaris.
63 Sables gras de Brouzet, arrondissement d'Alais. Pour le moulage
    de la fonte ; 600 tonnes par an, 2 fr. la tonne.
64 Sable réfractaire de Saint-Quentin, arrondissement d'Uzès. Consi-
    déré comme crétacé ; 4 ouvriers , 600 tonnes par an ; 4 fr. la
    tonne sur place. Employé accidentellement dans la fabrication
    des briques réfractaires pour fourneaux de chaudières à vapeur,
    fours à coke. — Pourrait être employé aussi dans les verreries.

18 — NICOLI, agent-voyer d'arrondissement et chef de bureau de
        la préfecture d'Ajaccio, Corse (60).

Une série de 35 échantillons de minéraux , recueillis par
    l'exposant dans l'île de Corse. Entre autres , minerais de
    de fer, de cuivre, de galène, d'antimoine, grenats, amiante,
    amphibole, tourbe, etc., etc.

19 — Spécimens des collections de la BIBLIOTHÈQUE COMMUNALE DE
        BAGNOLS , arrondissement d'Uzès (94). Exposés par les
        soin de M. Léon ALÈGRE, conservateur :
1° Divers échantillons de minéralogie, dont un bel échantillon
de quartz hyalin poli, contenant des coquilles de Titane , bois
agathisé, fragment d'un grand mammifère (humerus d'éléphant);
2° Coquilles vivantes et fossiles ;
3° Un herbier de plantes marines ;
4° Divers objets d'archéologie, comme haches celtiques, vases ,
lampes, médailles anciennes et modernes, crocodiles égyptiens
embaumés, un sabot de cheval de l'époque mérovingienne, un bas-
relief en albâtre, venant de la Sainte-Chapelle de Paris, etc., etc.

Voir à l'Exposition des Beaux-Arts quelques gravures tirées des collections du même établissement.

La Bibliothèque de Bagnols possède environ 1,500 volumes.

20 — BÉRARD, aide-bibliothécaire de la ville de Nimes (110).
Quelques fragments de bois fossiles silicifiés.

2e SECTION.

Minerais de fer. — Fer. — Fontes. — Aciers.

21 — AZÉDARAC-SOUMAIN, propriétaire, exploitant la concession des mines de fer et de plomb de Sahorre , Pyrénées-Orientales (101).

LISTE DES ÉCHANTILLONS EXPOSÉS.

Minerais de fer.

1 Fer hématite sanguine.
2 — hématite rouge de la galerie Sainte-Mélanie.
3 — hématite rouge du quartier de Ram.
4 — hématite brune en roche, de la galerie Saint-François.
5 — hématite brune de la galerie Saint-Etienne.
6 — hématite brune en roche, de la galerie Sainte-Mélanie.
7 — hématite brune de Ram.
8 — hématite noire de la Vigne.
9 — hématite brune du chantier dit la Vigne.
10 — hématite brune stalactiforme, de la galerie Saint-François.
11 — hématite concrétionnée de Ram.
12 — hématite noire concrétionnée de la Vigne.
13 — hématite concrétionnée de la galerie Sainte-Barbe.
14 — hématite concrétionnée du col de la Manche.
15 — hématite brune manganésifère, quartier de Falque. — Minerai recherché pour les forges catalanes.
16 — hématite cristallisée dans les fissures d'un conglomerat hydraté. — Galerie de la Fontaine.
17 — hématite de la galerie Saint-François.
18 Fer carbonaté spathique marbré, carrière Sainte-H.
19 — spathique cru.
20 — spathique à base de magnésie, du quartier de Lagal.
21 — spathique à base de silice, chantier Saint-Etienne.
22 — spathique marbré, galerie Saint-François.
23 — spathique grillé.
24 — spathique siliceux en grains de la rivière.
25 — spathique siliceux grillé de la rivière.
26 — manganésifère, de la galerie Sainte-Mélanie.
27 — manganésifère en grains, du col de Toussel.
28 Fer oxydé hydraté du col de la Manche.
29 Fer aligiste, quartier de Falques.
30 Fer manganésifère, galerie Saint-François.

Minerais de plomb.

31 Galène argentifère des quartiers bas.
32 Galène argentifère du quartier moyen (forêt d'en Pou).
33 Galène argentifère du quartier supérieur de la Vigne-du-Haut.
34 Galène à grandes facettes, de la Vigne-de-l'Eau.

22 — GIRET , LAURÈS et Cie , de Béziers, Hérault (59).

Sept échantillons de minerai de fer hématite brune, manganésifère, provenant des environs du bassin houiller de Graissessac, Hérault (Saint-Martin-d'Orbs, Camplong, Lunas, etc).

Ces minerais, d'après une analyse fait à l'Ecole des mines de Saint-Etienne, contiendraient de 55 à 57 p. 0/0 de fer.

23 — BONNE, Justin, de Saint-Pons, Hérault (18).

Minerais de fer.

1 Neuf échantillons d'hématite brune mamelonnée avec enduit métalloïde manganésifère.
2 Un échantillon d'hématite brune bacillaire.

24 — COMPAGNIE DES FONDERIES ET FORGES DE TERRENOIRE, LAVOULTE ET BESSÉGES (111).

(Société anonyme. — Décret du 22 janvier 1859.)

Mines et hauts fourneaux de Lavoulte (Ardèche).

LISTE DES ÉCHANTILLONS EXPOSÉS.

Minerai de fer et fossiles.

1 Minerai agathisé, couche intermédiaire dite oxydée.
2 Minerai agathisé, couche   id.
3 Minerai rouge compacte, couche id.
4 Minerai rouge compacte, couche id.
5 Minerai rouge feuilleté, couche   id.
6 Minerai rouge feuilleté, couche   id.
7 Minerai rouge pauvre, couche   id.
8 Minerai rouge pauvre, couche   id.
9 Minerai riche, couche du mur dite oolithe.
10 Minerai pauvre, couche du mur dite oolithe.
11 Minerai riche, couche du toit dite lithoïde ; deux échantillons.
12 Minerai de richesse moyenne, couche du toit dite lithoïde.
13 Minerai pauvre, couche du toit dite lithoïde.
14 Minerai pauvre, couche du toit dite lithoïde.
15 Ammonites anceps, trouvées dans le minerai de fer.
16 Ammonites diverses, trouvées dans la couche du mur.
17 Plaques schisteuses colorées par le minerai, recouvertes d'astéries, du mur de la lentille ferrugineuse.
18 Rhychonelles trouvées dans l'oolithe inférieure.
19 Echantillon de calcaire à entroques, avec débris de crinoïdes.
20 Calcaire à entroques, avec radioles déchinodermes.
21 Ammonites plicatiles, se trouvant dans les marnes du toit et dans celles du mur.
22 Belemnites hastatus, id.
23 Ammonites,   id.
24 Echantillon de minerai rouge feuilleté, avec cristaux de chaux carbonatée.

25 Echantillon de schiste marneux, couche du toit, avec cristaux de chaux carbonatée et de baryte sulfatée.
26 Nodule de fer carbonaté, trouvé dans les marnes oxfordiennes du toit de la lentille ferrugineuse.
27 Un morceau de bois trouvé, à plus de 50 mètres de profondeur, à la séparation des marnes et du micaschiste.

Le gîte de minerai de fer de Lavoulte consiste en une grande masse lenticulaire de fer oligiste rouge terreux, intercalée au milieu des marnes oxfordiennes. Cette importante mine alimente six hauts-fourneaux qui appartiennent à la Société anonyme des fonderies et forges de Terrenoire, Lavoulte et Bességes.

25 — JACQUINOT et Cie.

Hauts-fourneaux de la Solenzara, commune de Sari-di-Porto-Vecchio, Corse (56).

LISTE DES ÉCHANTILLONS EXPOSÉS.

1 Fonte de fer au bois.
2 Fonte grise.
3 Fonte truitée.
4 Fonte blanche.

L'usine de Solenzara, située dans la commune de Sari-di-Porto-Vecchio, arrondissement de Sartène (Corse), à l'embouchure même de la rivière de Solenzara, doit à son entourage de bois et à sa position centrale, à portée des principales mines de fer de la Méditerranée, de pouvoir livrer à un bon marché remarquable, des fontes au bois de qualité relativement supérieure, qui sont recherchées jusques dans les Ardennes et le Bas-Rhin.

Cette usine a deux hauts-fourneaux qui, malgré la morte saison, produisent une quantité annuelle de sept à huit millions de kilogrammes. Elle emploie des mélanges de minerais de l'*île* d'*Elbe*, d'*Afrique*, de *Corse* et d'*Espagne* produisant un métal remarquable par sa ténacité et son *aciero-silé*, qui a été l'objet d'une mention honorable à l'Exposition de Londres.

Les navires abordent très facilement devant l'usine de Solenzara, où il existe un service d'allèges organisé, et, sauf de très gros temps, par lesquels ils trouvent un abri sûr à Porto-Vecchio, la rade est très favorable aux embarquements. Le pays ne manque ni de bras ni de ressources.

Les échantillons de fonte envoyés à l'Exposition de Nîmes représentent les trois principales qualités de fontes produites, et seront fort intéressants pour les métallurgistes qui pourront reconnaître, surtout à l'aspect *lamellé* de la fonte blanche, la qualité supérieure de ces produits.

26 — HOLTZER, DORIAN, JACOMY et Cie.

Hauts-fourneaux et forges de Ria, Pyrénées-Orientales (10).

LISTE DES ÉCHANTILLONS EXPOSÉS.

1 Minerai de fer manganésifère, de Fillols, Pyrénées-Orientales.
2 Minerai de fer hématite brune, de Fillols,   id.
3 Minerai de fer spathique blanc, de Fillols,   id.

4 Minerai de fer hématite brune, de Palayrac, Aude.
5 Grand bloc géodésique de minerai de fer hématite brune, de Palayrac, Aude.
6 Six morceaux de fonte grise, au charbon de bois, pour aciers, fers fins et pièces délicates de moulage.
7 Dix morceaux de fonte miroitante, au charbon de bois, pour les aciers et fers fins.
8 Quatre morceaux de fonte blanche, au charbon de bois, pour les aciers et fers fins.

Cette usine est alimentée avec les minerais de la concession de Thorrent, près Prades, Pyrénées-Orientales. Ils sont traités au charbon de bois, et produisent des fontes lamelleuses et à grandes facettes très recherchées pour la fabrication des aciers et fers fins.

27 — HAREL et Cⁱᵉ, à Vienne, Isère (82).

Fonderies et forges de Pont-Évêque.

LISTE DES OBJETS EXPOSÉS.

1 Seize échantillons de fer à cornières, à branches égales, de diverses dimensions.
2 Vingt-trois échantillons de fer à cornières, à branches inégales, de diverses dimensions.
3 Cinq échantillons à double T, de diverses dimensions.
4 Huit échantillons de fer à rail.
5 Dix échantillons de fer à T, dont trois à face courbe.
6 Quatorze échantillons de fer demi-rond, de diverses grosseurs.
7 Echantillon de fer en U.
8 Rondin de quinze centimètres de diamètre.
9 Sept échantillons de fer pour châssis, avec et sans moulures, de diverses grandeurs.
10 Six échantillons de fer, de diverses formes, pour poutrelles.
11 Plaque tôle striée, de 2ᵐ10 de longueur sur 1ᵐ de largeur et 0ᵐ008 épaisseur.
12 Barreau de grille de chaudière à vapeur (système particulier).

Les diverses formes de fers exposés sont employées dans les constructions des coques de navires, des ponts métalliques, des chaudières à vapeur, matériel de chemin de fer, toitures de bâtiment, etc.

28 — JACOMY et Cⁱᵉ.

Société des mines et hauts-fourneaux de la Nouvelle, Aude (112).

LISTE DES ÉCHANTILLONS EXPOSÉS.

1º **Minerai de fer.**

1 Fer carbonaté blanc spathique, de Palayrac, Aude.
2 Quatre échantillons de fer carbonaté, brun spathique, de Palayrac, Aude.
3 Six échantillons de fer hydraté, mamelonné, hématite brune, de Palayrac, Aude.
4 Fer oxydé hydraté, hématite brune de Fillos, Pyrénées-Orientales.
5 Fer oxydé hydraté manganésifère de Fillos, id.

2° Fontes.

6 Fonte grise, au charbon de bois , pour aciers , fers fins et pièces délicates de moulage.

7 Fonte miroitante, au charbon de bois, pour les aciers et fers fins.

8 Fonte blanche, au charbon de bois, pour les aciers et fers fins.

29 — COMPAGNIE DES FONDERIES ET FORGES D'ALAIS, Gard (55).

(Société anonyme. — Ordonnance du 20 octobre 1830. — Décrets impériaux des 1 3 février 1856 et 11 septembre 1857.)

LISTE DES OBJETS EXPOSÉS.

Four Knab. — Produits de la distillation des houilles de Trélys.

1 Plan du four Knab.
2 Coke.
3 Goudron distillé.
4 Benzine.
5 Acide phénique.
6 Huile lourde brute.
7 Essence légère brute.
8 Sulfate d'ammoniaque.
9 Ammoniaque ambrée.
10 Ammoniaque blanche.

Minerais de fer.

11 Minerai hydraté, crû.
12 　　Id. 　　　　grillé.
13 Minerai du trias, concession de Merzelet, Ardèche.
14 Minerai carbonaté, crû, Palmesalade, Gard.
15 　　Id. 　　　　grillé, 　　id.
16 Minerai des Pyrénées-Orientales.

Castine.

17 Calcaire oxfordien des environs d'Alais, employé comme fondant.

Fontes brutes et fine-métal.

18 Fonte de forge, blanche (fabrication de rails).
19 Fonte de forge, truitée , 　　　id.
20 Fonte de forge, Palmesalade (fabrication de fers marchands).
21 Fonte de forge miroitante et aciereuse (fabrication de fer fin).
22 Fonte grise de moulage, n° 1.
23 　　Id., 　　　　　n° 2.
24 　　Id., 　　　　　n° 3.
25 Fine-métal, de fonte à rail.
26 Fine-métal, de fonte à fers marchands.

Rails. — Types divers des chemins de fer de Paris à Lyon et à la Méditerranée, et du Midi.

27 Lyon à Avignon, n° 1, 36 kilog. le mètre.
28 　　Id. 　　　　n° 2, 17 　　id.
29 Marseille à Avignon, 　33 　　id.
30 Lignes du Gard et de l'Hérault, 33 kilog. le mètre.

31 Toulon à Nice, 36 kilog. 5 le mètre.
32 Lignes du Midi, 37 kilog. le mètre.
33 Toulon à Nice, éclissé.
34 Lignes du Midi, éclissé.

Fours Dodds.

35 Rails cémentés.

Tôle de fer fin à la houille. — Marque : Ω.

36 Tôle de fer fin.

Fer marchand. — Marque : DBC-AS.

37 Fer brut, épreuves à froid.
38 Fer fini, épreuves à froid.
39 Fer fini, épreuves à chaud.

Laitiers et Scories.

40 Laitiers de fonte grise de moulage.
41 Laitiers de fonte blanche miroitante et aciéreuse.
42 Laitiers de fonte blanche, destinée à la fabrication des rails.
43 Scories de fours à réchauffer.

Fer à rail.

44 Fer à rails.

Clouteries.

45 Chevillettes et boulons pour coussinets et éclissage des rails.
46 Verges pour clouterie.

Chaînes.

47 Chaînes à mailles courtes, fer fin.
48 Chaînes à étais, fer fin.

Feuillards.

49 Feuillard en fer fin.

Cette Société a été autorisée par ordonnance royale du 20 octobre 1830. Une nouvelle rédaction de ses statuts a été approuvée par décret impérial du 13 février 1856. A cette époque, elle fusionna avec la Société fermière Drouillard, Benoist et Cⁱᵉ, qui avait exploité ses établissements pendant vingt ans.

La Société possède l'usine d'Alais (7 novembre 1831); les concessions de houille de Rochebelle et Cendras (12 novembre 1812), de Trélys et Palmesalade (27 août 1828), les concessions de minerais de fer de Trélys et Palmesalade (15 décembre 1836), de Portes et Comberedonde (12 avril 1852) dans l'arrondissement d'Alais, et de Merzelet dans l'Ardèche, près d'Aubenas.

L'usine d'Alais comprend un atelier pour la fabrication du coke, six hauts-fourneaux, une fonderie et une grande forge, produisant des rails et fers marchands. Dans l'atelier pour la fabrication du coke, on a introduit de nouveaux fours qui, recueillant tous les produits de la distillation de la houille, permettent de tirer parti de ces produits autrefois perdus.

Le principal travail de l'usine d'Alais est pour les chemins de fer : elle a fourni les rails des chemins de fer du Gard dès 1838, et, depuis lors, elle a continué à être le principal fournisseur des chemins de fer de la Méditerranée et du Midi ; elle a aussi fourni des rails à beaucoup d'autres chemins français et étrangers.

La qualité tout à fait supérieure que leur dureté a donnée à ses rails ; leur durée exceptionnelle, ont placé l'usine d'Alais au premier rang pour cette fabrication. Les fontes qui produisent ces rails proviennent des minerais hydratés du pays.

Dans la fonderie de l'usine, ont été élaborées les fontes de la gare de Nimes et une grande partie de celles qui constituent les différents ponts du Rhône à Beaucaire, à Pont-Saint-Esprit, à Lyon, à Givors, ainsi que le pont de la Mulatière.

Les fers marchands de l'usine d'Alais ont aussi une grande réputation. Ceux qui sont marqués DBC-AS, ainsi que les fers fins à la houille, marqués Ω et qui sont produits principalement avec les excellents minerais houillers de Palmesalade, sont classés immédiatement après les fers au bois de Franche-Comté. Ils supportent à froid et à chaud les épreuves les plus difficiles, et on les emploie avec succès pour tous les travaux de serrurerie et de chaudronnerie, pour la clouterie et la fabrication des fourches, des pioches et des rivets. Les tonneliers recherchent beaucoup les feuillards et cercles d'Alais, qui, malgré leurs prix plus élevés que ceux des autres fers, sont cependant plus avantageux à cause de leur grande résistance. Le fer maréchal est également très estimé. Les chemins de fer emploient les tôles d'Alais pour la construction de leurs locomotives. On peut voir, à l'Exposition, deux beaux spécimens de plaques tubulaires, mises en œuvre aux ateliers du chemin de fer, à Nimes, et prêtes à être employées. Les fabriques de soude de Marseille consomment, aussi, beaucoup de ces tôles fines, à la houille, pour leurs chaudières ; pour ce dernier usage, on ne s'est servi, pendant longtemps, que des tôles au bois de Franche-Comté.

L'usine d'Alais produit aussi des chaînes-câbles pour la marine, qui subissent les épreuves exigées par la marine impériale, c'est-à-dire un effort de traction de 22 kilog. par millimètre carré ; aussi ces chaînes ont-elles sur le port de Marseille une juste réputation. On peut voir à l'Exposition les épreuves à froid et à chaud que subissent couramment les fers d'Alais.

Les fonderies et forges d'Alais possèdent la concession houillère de Rochebelle et Cendras (12 décembre 1812), et la concession houillère de Trélys et de Palmesalade (27 août 1828). Un puits en fonçage sur le chemin de fer d'Alais à la Grand'Combe, est destiné à rencontrer une grande épaisseur de charbon (17^m en 6 couches). La concession de Trélys qui n'a pu être mise en exploitation sérieuse qu'à partir de la création du chemin de fer de Bességes, en 1858, produit déjà 120,000 tonnes de houille grasse d'excellente qualité. (Voir nº 55).

(Extrait d'une note fournie par la Compagnie.)

30 — COMPAGNIE DES FONDERIES ET FORGES DE TERRENOIRE, LAVOULTE ET BESSÉGES (113).

(Société anonyme. — Décret du 22 janvier 1859.)

Usine de Bességes (Gard).

LISTE DES ÉCHANTILLONS EXPOSÉS.

Minerais de Fer.

1 Bloc d'hématite rouge de Pierre-Morte, Gard.
2 Bloc de minerai de la couche oolithique de Courry, concession de Pierre-Morte, Gard (Ordonnance du 29 juillet 1841).
3 Bloc de minerai de fer oxydé hydraté compacte, en couche dans le trias, de la concession de Sainf Florent, Gard (Décret du 13 décembre 1859).
4 Bloc de minerai de fer oxydé, hydraté en couche dans le trias de la concession de Bordezac, Gard (Ordonnance du 5 mars 1863. — Décret du 14 mars 1857).
5 Deux échantillons de fer oxydé, hydraté, cloisonné, manganésifère, en couche dans le trias de la concession du Travers et de Coste-de-Long, Gard (Ordonnance du 5 mars 1833).

Fontes.

6 Echantillons de fer puddlé.
7 Fonte blanche pour puddlage de fer à grains ; deux morceaux.
8 Fonte de moulage n° 1. Fonte noire à gros grains, propre au mélange dans les cubilots; deux morceaux.
9 Fonte de moulage n° 2, propre au mélange dans les cubilots; deux morceaux.
10 Fonte de moulage n° 3, pour moulages en 1ʳᵉ fusion (bonne résistance); deux morceaux.
11 Fonte de moulage n° 3, pour coussinets du chemin de fer du Midi ; deux morceaux.
12 Fonte n° 4, à grains serrés; deux morceaux. Résistance extraordinaire, propre au mélange avec des fontes noires faibles.
13 Fonte blanche pour puddlage de fer à nerf; deux morceaux.

Fers.

1 Trois fers bruts à nerfs.
2 Trois fers bruts â grains.
} Les cassures indiquent la qualité du fer.

3 Vingt fers, série de fers ronds.
4 Vingt fers, série de fers carrés.
5 Vingt fers, série de fers plats.
6 Vingt fers, rubans et cercles.
7 Douze fers, série de rails.
8 Quatre fers, éclisses de rails.
9 Vingt fers spéciaux cornières, fers à T à planchers.
10 Fers à vitrage.
11 Six fers forgés, percés, tordus, coudés à chaud et à froid.
12 Deux fers octogones.

} La forme de ces fers indique le soin et la précision apportés à la fabrication.

13 {
Une tôle ordinaire, 3ᵐ00 ; 1ᵐ00 ; 0ᵐ,015ᵐ/ᵐ, pour chaudières.
Une tôle ordinaire, 6ᵐ00 ; 1ᵐ00 ; 0ᵐ,010ᵐ/ᵐ,   id.
Une tôle ordinaire, 4ᵐ00 ; 1ᵐ00 ; 0,004ᵐ/ᵐ, pour waggons , bachès et divers.
Une tôle ordinaire, 3ᵐ50 ; 1ᵐ00 ; 0ᵐ0025,   id.
Une tôle ordinaire. Diamètre 1ᵐ20 ; épʳ, 012ᵐ/ᵐ pour fonds de chaudières.
}

14 Une tôle striée, 2ᵐ00 ; 0ᵐ90 ; 0,008ᵐ/ᵐ, pour plaques tournantes.

15 Vingt tôles feuilles livre, 0ᵐ20 ; 0ᵐ15 ; 0,0025, pour tuyaux.

16 Un rail du chemin du Midi , long. 10ᵐ

17 Un fer à plancher de 140, long. 12ᵐ

18 Un fer à plancher de 160, long. 12ᵐ

} Les dimensions en dehors de celles qui sont communément usitées indiquent la puissance de l'usine , ainsi que la qualité d fer soumis à un étirage etra-ordinaire.

19 Un fer rond de 140, long. 6ᵐ

20 Un fer rond roulé, long. 100ᵐ

21 Un feuillard roulé , long. 100ᵐ

22 Un rail du Midi éclissé, long 0ᵐ, 600

23 Un rail romain éclissé, long. 0ᵐ,600

} Ces échantillons indiquent la précision de l'éclissage, et les cassures , la nature du fer.

24 Un paquet fer brut, pour rails du midi , long 0ᵐ,400. Les cassures indiquent la qualité du fer.

L'usine à fer de Bességes a été autorisée par ordonnance royale du 8 mai 1836. Dans le principe, elle se composait de 2 hauts-fourneaux appartenant à la compagnie houillère de Robiac, auxquels furent adjoints, plus tard, de nouveaux hauts-fourneaux, une forge anglaise, un atelier de moulage et un atelier de construction (Ordonnance royale du 7 novembre 1847).

Cet ensemble appartient aujourd'hui à la Société anonyme des fonderies et forges de Terrenoire, Lavoulte et Bességes, et occupe environ 960 ouvriers.

La compagnie possède actuellement à Bességes :

Les mines de houille de Lalle. — Concession du 30 avril 1828 (voir n° 56).

Les mines de fer de Travers et Coste-de-Long. — Concession du 5 mars 1833.

Les mines de fer de Bordezac. — Concession du 5 mars 1833 — Extension du 14 mars 1857.

Les mines de fer Courry. — Concession du 14 mars 1857.

4 hauts-fourneaux.

3 cubilots.

1 Forge anglaise.

Atelier de construction.

La production annuelle des hauts-fourneaux s'établit ainsi qu'il suit :

Année 1854	—	17,700 tonnes	Année 1859	—	12,800 tonnes
— 1855	—	16,700 —	— 1860	—	15,700 —
— 1856	—	15,500 —	— 1861	—	17,400 —
— 1857	—	17,400 —	— 1862	—	17,300 —
— 1858	—	14,100 —	— 1863	—	24,000 (présumé)

Les installations de la forge se composent de :

12 Fours à puddler, simple sole, flamme utilisée sur 4 chaudières horizontales et sur 2 chaudières verticales.

9 Fours à réchauffer de gros, moyen et petit mill, flamme utilisée sur 3 chaudières horizontales et sur une chaudière verticale.

3 Fours à réchauffer pour riblons, flamme utilisée sur 2 chaudières verticales.

3 Fours à souder, pour tôleries.

4 Fours dormants, pour tôleries.

1 Train, ébauchage. Machine 40 chevaux, spéciale.

1 Train gros mill. Machine 50 chevaux, spéciale.

1 Train moyen mill, ⎰ Machine 45 chevaux, commune aux deux
1 Train petit mill, ⎱ trains.

1 Train grosse tôlerie, ⎰ Machine 65 chevaux, commune aux deux
1 Train fine tôlerie, ⎱ trains.

Toutes les installations spéciales secondaires.

Dans son ensemble, la production se divise ainsi qu'il suit :

Rails double champignon, Vignol, Brunel et éclisses ;
Fers marchands, feuillards, cercles, tôles unies et striées.

Fers spéciaux.
- A planchers de 0,14 et 0,16.
- Cornières, de 0,030 à 0,090.
- Plate-bandes.
- Vitrages.
- Divers spéciaux.

Production des Forges de Bességes.

	PRODUCTION du puddlage. — Fers bruts.	PRODUCTION NETTE			
		Rails et éclisses.	Fers marchands.	Tôles.	Totale.
Année 1859	9,414,272	1,521,892	4,695,494	1,485,527	7,700,713
— 1860	10,481,247	2,265,588	4,112,876	1,632,271	8,010,755
— 1861	10,414,558	4,928,925	5,319,525	1,798,855	12,047,081
— 1862	10 874,696	7,186,545	5,229,852	1,994,257	14,410,634
— 1863 (Présumé)	12,651,000	9,100,000	5,400,000	1,859,000	16,359,000
	53,855,775	25,002,950	24,757,545	8,767,668	58,528,165

3I — Compagnie de l'Éclairage au Gaz et des Hauts-Fourneaux
et Fonderies de Marseille et des mines de Portes et
Sénéchas (21).

(Société anonyme. — Décret du 16 août 1860.)

Hauts fourneaux de Marseille. — Briqueler neveu, directeur.

LISTE DES PRODUITS EXPOSÉS.

Fontes ordinaires de Moulage.

1 Fonte grise, n° 1.
2 Fonte grise, n° 2.
3 Fonte grise truitée, n° 3.
4 Fonte grise, n° 4.
5 Fonte grise traitée, n° 5.

Fontes de forges pour Fers ordinaires.

6 Fonte truitée blanche en gueuse.
7 Fonte blanche en gueuse.
8 Fonte blanche en lingotiére.

Fontes pour Aciers et Fers fins.

9 Fonte grise graphiteuse.
10 ⎫
11 ⎬ Fonte grise grain fin ; 3 types.
12 ⎭
13 Fonte aciéreuse rubannée spéculaire.
14 Fonte aciéreuse rayonnée.
15 Fonte blanche spéculaire ou miroitante.

Ces fontes sont obtenues aux hauts-fourneaux de Saint-Louis, avec des
minerais de l'île d'Elbe, traités au coke. Les cokes employés sont généralement ceux des mines de Portes et ceux de l'usine à gaz de Marseille. Les
fontes de la 3me catégorie s'emploient pour la transformation en fer fin et
acier, et présentent une grande analogie avec celles des Pyrénées-Orientales, employées aux mêmes usages.

(*Voir, pour la Concession houillère de Portes-et-Sénéchas, n° 54.*)

32 — PONCET et BROQUIS (22).

Aciéries d'Alivet près Rives, Isère. — Aciers naturels corroyés et
fondus.

NATURE DES ACIERS EXPOSÉS.

Fontes.

			Prix : 100 k°
Fonte de Saint-Vincent (Isère),	14 kil.		fr. 22
— Rioupéroux	—	12 kil.	20
— Savoie		12 kil.	22

Acier naturel de Rives au charbon de bois.

```
1 Loupe acier brut non martelé (n° 1), 38 kil.(a)...........
1 Masseau, acier brut martelé (n° 2), 21 kil.(b)...........    35
1 Barre acier martelé carré, 24 lig. (pour outils), 30 k. 5 ...   60
6   —    5, 6, 7, 8, 9. 10 lig. (pour taillanderie), 18 k. 5 ..   70
2   —    plat 42/3, 72/4 (pour agriculture), 24 k. 5 .......   60
3   —    11/3/2, 13/4, 15/5 (pour taillanderie), 8 k.5 ...   70
3   —    5/2, 7/2/2, 9/3 (pour coutellerie), 3 k..........   80
1 Barre à moitié soudée (n° 3), 21 k.(c)..................
1 Manche acier fin en carreaux (pour la pierre), 25 k.......   55
1 Manche acier mi-fin en carreaux (pour agriculture), 25 k..   70
1 Soc américain,       )
1 Soc    id.    à bec,) (pour agriculture), 6 k. 7 ........   80
```

Acier corroyé.

```
1 Trousse soudée à moitié (n° 4), 31 kil.(d).............   120
1 Barre acier brun cémenté poulle, 23 k.................    65
2 Barres acier l'épée superfin octogone, 7 et 9 lig. (pour la
    pierre), 5 k...................................   110
6 Barres acier corroyé 2 fois carré, 10, 12, 14, 16, 18 et 20 lig.
    (pour taillanderie), 78 k........................   130
4 Barres acier   id.   plat 6/2, 9/3, 12/4, 15/5 lig. (pour
    taillanderie), 9 k..............................   130
1 Barre acier raffiné carré, 32 lig. (pour la pierre), 49 k.....   140
```

Acier Fondu.

```
1 Lingot acier fondu brut (n° 5), 20 k.(e)................
4 Barres acier fondu carré 6, 9, 12, 15 lig. (p. outils), 27 k.   150
4 Barres  id.   plat 6/3, 8/4, 9/5, 10/6 (p. outils) 8, k. 5 h..   150
4 Barres  id.   rond 5, 8, 11, 14 lig. (p. outils), 18 k.....   150
4 Barres  id.   octogone 6, 8, 10, 12 lig. (p. la pierre),
    14 k. 5 h....................................   150
```

Tous ces aciers ont été étirés au marteau.

Les produits que nous avons envoyés à l'Exposition représentent, dans leurs diverses transformations, la fabrication des aciers naturels de Rives, au charbon de bois, qui est la plus ancienne. Son origine remonte au XIIᵉ siècle, et les forges d'Alivet que nous exploitons étaient déjà en activité à cette époque.

Les premiers ouvriers étaient Tyroliens, et furent attirés dans nos contrées par la richesse des minerais de fer spathique, si abondants dans

---

(a) La loupe représente l'acier naturel de Rives, tel qu'on le tire du courant.

(b) Le masseau est le produit immédiat de la loupe, qu'on a martelé.

(c) La barre à moitié soudée est le produit immédiat de l'étirage du masseau.

(d) La trousse à moitié soudée représente une première opération du corroyage qui consiste à souder parfaitement les languettes qui apparaissent au bout de la barre. Ces languettes représentent divers choix d'aciers, qui varient suivant l'usage auquel on destine les produits,

(e) Le lingot acier fondu est représenté tel qu'il est versé en fusion du creuset dans la lingoterie.

le département de l'Isère et la Savoie, et qui conviennent le mieux à ce genre de fabrication. Ces minerais produisent des fontes d'excellente qualité : celles que nous estimons le plus et qui donnent les meilleurs résultats, sont les fontes de Savoie, de Saint-Vincent et de Rioupéroux qui figurent dans notre Exposition.

Avec ces diverses qualités de fontes mélangées et traitées au système rivois, nous obtenons des aciers qui, par leur tenacité et leur tranchant, ont acquis une réputation méritée.

Ce qui fait surtout prévaloir les aciers naturels de Rives, au charbon de bois, c'est la facilité avec laquelle ils s'emploient pour tous les outils d'agriculture, et leur supériorité incontestable pour la taillanderie et la coutellerie.

Les modifications que nous apportons chaque jour au développement de cette industrie, nous permettent de soutenir la concurrence des aciers étrangers, malgré l'abaissement des droits protecteurs qui se trouvent presque supprimés par suite des divers traités de commerce que nous avons avec l'Angleterre et la Prusse.

Signé, PONCET et BROQUIS.

3ᵉ SECTION.

Minerais métalliques autres que le fer.

33 — COMPAGNIE DES MINES DE VIALAS, arrondissement de Florac, Lozère (14).

Galène argentifère — Barre, directeur.

LISTE DES PRODUITS EXPOSÉS.

Produits de l'atelier de cassage et triage.

(Fragments cassés à l'anneau de 0ᵐ05.)

Flacon nº 1 — Massif (bon à fondre).
    — nº 2 — Minerai moyen (moyennement riche).
    — nº 3 — Minerai de bocard (ou pauvre).
    — nº 4 — Stérile.
    — nº 5 — Minerai menu.

Produits de l'atelier du criblage des minerais moyens.

Flacon nº 6 — Fines grenailles riches (bonnes à fondre).
    — nº 7 — Fines grenailles, minerai moyen.
    — nº 8 — Fines grenailles, minerai de bocard (ou pauvre).

Flacon nº 9 — Moyennes grenailles riches (bonnes à fondre).
    — nº 10 — Moyennes grenailles, minerai moyen.
    — nº 11 — Moyennes grenailles, minerai de bocard (ou pauvre).

Flacon nᵒ 12 — Grosses grenailles riches (bonnes à fondre).
— nᵒ 13 — Grosses grenailles, minerai moyen.
— nᵒ 14 — Grosses grenailles, minerai de bocard (ou pauvre).

Produits de l'atelier de lavage des minerais de bocard.

Flacon nᵒ 15 — Sables à laver.
— nᵒ 16 — Schlannus à laver.
— nᵒ 17 — Schlichs des sables (bons à fondre).
— nᵒ 18 — Sch'ichs des schlannus (bons à fondre).
— nᵒ 19 — Schlichs pyriteux (bons à fondre).

Produits de l'atelier du criblage des minerais menus.

Flacon nᵒ 20 — Fines grenailles riches (bonnes à fondre).
— nᵒ 21 — Fines grenailles, minerai moyen.
— nᵒ 22 — Fines grenailles, minerai de bocard (ou pauvre).
— nᵒ 23 — Fines grenailles stérile.

Flacon nᵒ 24 — Fines grenailles riches (bonnes à fondre).
— nᵒ 25 — Fines grenailles, minerai moyen.
— nᵒ 26 — Fines grenailles, minerai de bocard (ou pauvre).
— nᵒ 27 — Fines grenailles stériles.

Flacon nᵒ 28 — Moyennes grenailles riches (bonnes à fondre).
— nᵒ 29 — Moyennes grenailles, minerai moyen.
— nᵒ 30 — Moyennes grenailles, minerai de bocard.
— nᵒ 31 — Moyennes grenailles stérile.

Flacon nᵒ 32 — Moyennes grenailles riches (bonnes à fondre).
— nᵒ 33 — Moyennes grenailles, minerai moyen.
— nᵒ 34 — Moyennes grenailles, minerai de brocard.
— nᵒ 35 — Moyennes grenailles, minerai stérile.

Flacon nᵒ 36 — Grosses grenailles riches (bonnes à fondre).
— nᵒ 37 — Grosses grenailles, minerai moyen.
— nᵒ 38 — Grosses grenailles, minerai de bocard.
— nᵒ 39 — Grosses grenailles, minerai stérile.

Flacon nᵒ 40 — Grosses grenailles riches (bonnes à fondre).
— nᵒ 41 — Grosses grenailles, minerai moyen.
— nᵒ 42 — Grosses grenailles, minerai de bocard.
— nᵒ 43 — Grosses grenailles stérile.

Traitement métallurgique.

Nᵒ 44 Dix saumons de plomb d'œuvre, renfermant 415 grammes d'argent
aux 100 kilog.
Nᵒ 45 Dix saumons de plomb marchand.
Nᵒ 46 Un baril de litharge rouge, en paillettes. Prix de vente à Alais,
60 francs les 100 kilog.
Nᵒ 47 Un baril de litharge jaune, en morceaux. Prix de vente à Alais,
50 francs les 100 kilog.
Nᵒ 48 Un lingot d'argent, poids 38 kilog., valeur 8,360 francs.

N⁰ 49 Monolithe de minerai, de 1ᵐ60 de hauteur, renfermant 20 0/0 plomb,
    et ce dernier, 390 grammes argent aux 100 kilog.
N⁰ 50 Plusieurs beaux échantillons de chaux carbonatée, cristallisée, se
    trouvant dans les travaux.

Les gîtes métallifères de la Lozère, en général, et ceux de Vialas en
particulier, présentant, presque toujours, du minerai à la surface même,
ont dû être exploités, au moins superficiellement, il y a fort longtemps. On
n'a cependant rencontré que des indices incertains d'exploitation par le
feu dans quelques-uns des anciens travaux de Vialas. D'anciens documents
permettent de supposer que déjà, au XII⁰ siècle, les évêques de Viviers et
leurs inféodés les comtes de Toulouse, retiraient annuellement de notables
quantités d'argent des mines du Gévaudan.

Le commencement de l'exploitation sérieuse de Vialas remonte à l'année
1781. Le schlich produit dans cette localité fut d'abord transporté, à dos
de mulets, à la fonderie de Villefort qui, dès 1828, fut transférée à Vialas.
Depuis lors, tout est centralisé dans cette dernière localité. Cet important
établissement occupe aujourd'hui 450 ouvriers ou employés : dont 200 mineurs, 50 manœuvres de mines, 50 fondeurs, 120 laveurs ou laveuses et
30 employés.

La production en schlich ou minerai lavé, fourni par plusieurs filons,
dirigés heures 3 et 5 (magnétiques), s'élève annuellement à 750 tonnes,
dont la richesse en plomb est de 40 0/0, et celle en argent de 390 grammes
aux 100 kilog. de plomb.

34 — Société des mines et usines de Pallières (15).

Concession de galène argentifère de la Croix de Pallières
(27 juillet 1848), J.-B. Pastré et Cⁱᵉ.

LISTE DES ÉCHANTILLONS EXPOSÉS.

Minerais.

1   } Deux échantillons alun de plume (sulfate double de protoxyde
1 bis } de fer et d'alumine). (Mine Joseph.)
2 Un échantillon de Blende (Mine Saint-Félix).
3   —   de calamine,   id.
4   —   de blende mielleuse (Concession de Lacoste. — 29
                  juin 1839).
5   —   de galène pyriteuse (Mine Curnier).
6   —   de sulfate de plomb avec noyaux de galène (Mine
                  Joseph).
7   —   de sulfate de plomb (Mine Joseph).
8   —   de galène en boule au milieu des sulfates (Mine
                  Joseph).
9   —   de galène riche (Mine Curnier).
10   —   de galène riche (Mine Joseph).
11   —   de pyrite tendre.   (Id.)
12   —   de pyrite dure.   (Id.)
13   —   de galène pyriteuse (Id.)

Préparation mécanique.

14	Un bocal	sulfate brut en poudre.	Teneur	30	0/0.
15	—	galène brute en poudre.	—	28	0/0.
16	—	galène lavée, nº 6.	--	14	0/0.
17	—	galène lavée, nº 5.	—	20	0/0.
18	—	galène lavée, nº 4.	—	34	0/0.
19	—	galène lavée, nº 3.	—	36	0/0.
20	—	galène lavée, nº 2.	—	48	0/0.
21	—	galène lavée, nº 1.	—	55	0/0.

Traitement métallurgique.

22 Deux bocaux de sulfate brut aggloméré.

23
24 Un bocal et dix morceaux de galène brute agglomérée.

25 Cinq saumons plomb d'œuvre, contenant 176 grammes d'argent aux 100 kilog. plomb.

26 Deux pains et deux morceaux de scories de plomb. Teneur 1 0/0.

27 Galène en blocs. (Mine Joseph.)

Les mines dont la Société des mines et usines à zinc de Pallières est concessionnaire, ont été exploitées dans les temps les plus reculés. Les Romains les connaissaient et elles ont été de leur part l'objet d'une exploitation considérable. Les énormes tas de déblais qu'on rencontre dans la localité en attestent l'importance.

On ne sait à quelle époque ni pendant combien de temps elles ont cessé d'être exploitées. — Reprise en 1848, leur exploitation a eu pour objet la recherche des minerais de zinc, blende et calamine, et une usine fut créée à La Pise, près de la Grand'Combe (décret du 25 mars 1857), dans le but du traitement métallurgique de ces minerais. Le bas prix auquel est tombé ce métal n'ayant pas permis d'en continuer le traitement, la Société s'est proposé l'exploitation et le traitement des minerais de plomb argentifère qui paraissent, à mesure que les travaux se développent, remplacer les minerais de zinc plus abondants à la surface.

L'estimation des quantités de minerais, déjà connues d'une façon très nette, permet de se disposer à un traitement reposant sur une extraction moyenne journalière de 50 à 60 tonnes environ. Ces minerais paraissent être d'une teneur moyenne de 25 0/0 de plomb, et de 100 à 120 grammes d'argent aux 100 kilog. de plomb. Leur gangue se compose principalement de silice, d'un peu de calcaire magnésien et de pyrite de fer.

Un établissement de lavage s'installe, en ce moment, auprès de la mine, dans le but d'enrichir ces minerais et d'en séparer la presque totalité du quartz, et en partie la pyrite de fer, afin de les porter à une teneur maxima de 45 0/0.

L'usine de La Pise se transforme dans le but de traiter par grillage, fusion, pattuisonnage et coupellation les minerais fournis par l'exploitation.

Cette usine, lorsquelle aura atteint son développement, devra produire, par jour, environ 8 tonnes de plomb d'œuvre, à la teneur de 176 grammes d'argent aux 100 kilog. de plomb.

Signé, J.-B. PASTRÉ et Cⁱᵉ.

35 — CONCESSION DES MINES DE PLOMB ARGENTIFÈRE DE SAINT-SEBASTIEN-D'AIGREFEUILLE, Gard (62).

(Ordonnance du 1er octobre 1833.)

Usine de Carnoulès. — Ricard, gérant de la Compagnie.

LISTE DES ÉCHANTILLONS EXPOSÉS.

I Une grande pyramide, représentant l'épaisseur de la couche de galène argentifère (3 mètres), reposant sur un bloc de granit porphyroïde et recouverte par une couche de grès fin stérile.

2 Bocal contenant schlich (n° 1).
3   —   schlich (n° 2).
4   —   schlich (n° 3).
5   —   schlamms (n° 1).
6   —   schlamms (n° 2).
7   —   schlamms (n° 3).
8   —   minerai de crible (n° 1).
9   —   minerai de crible (n° 2).
10   —   minerai de crible (n° 3).
11   —   minerai de crible (n° 4).
12   —   minerai à cribler (n° 5).
13   —   sable à laver (n° 1).
14   —   sable à laver (n° 2).
15   —   sable stérile du schlich.
16   —   sable stérile des schlamms.
17   —   sable stérile des cribles.
18   —   minerai à repasser.
19   —   minerai bon à fondre (n° 1).
20   —   Id.   (n° 2).
20   —   silicate de plomb.

Les mines de Carnoulès ont présenté des traces d'exploitation par le feu, des fragments de pelles en bois, des poteries, des médailles, une pierre à broyer le minerai, de l'époque romaine.

Le minerai se trouve répandu dans les grès à gros grains formant la base du trias; il est associé à de la pyrite de fer. La teneur en plomb du minerai brut est d'environ 10 pour 0/0 et la teneur en argent de 150 à 200 grammes d'argent aux 100 kilog. de plomb d'œuvre.

La reprise des travaux, d'une manière suivie, a eu lieu en 1853. A cette époque, un atelier de préparation mécanique et une fonderie ont été construits à côté de la mine. A la suite d'un chômage d'un an, les travaux viennent d'être repris par une nouvelle société dont M. Ricard est le gérant.

36 — SOCIÉTÉ DES MINES DE MEYRUEIS (Lozère), ET DE SAINT-SAUVEUR, Gard (19).

Joly, directeur, à Meyrueis.

LISTE DES ÉCHANTILLONS EXPOSÉS.

Mines de Saint-Sauveur.

1 Un bloc de cuivre pyriteux du filon des Combelles.
2   Id.   Id.

3 Un bocal de produit de triage de ce minerai.
4 Un bloc représentant le filon de galène argentifère de Montjardin.
   Direction du filon E. O. — plongée au sud 3/10. — Puissance variable de 0ᵐ 15 à 0ᵐ 40. — Teneur 20 à 25 pour 100, argent 135
   grammes aux 100 kilog. de plomb.
5 Un bloc de galène argentifère avec traces de cuivre carbonaté
   de Montjardin.
6 Un bloc représentant la minéralisation du corps du filon de galène
   argentifère de Saint Sauveur, à Villemague.
7 Un bloc représentant la minéralisation au mur du filon de Saint-Sauveur à Villemague.

8
9 } Trois blocs représentant la minéralisation au toit du filon de galène
10   argentifère du filon de Saint-Sauveur, à Villemague.

11 Un échantillon de la minéralisation en plomb argentifère et cuivre.
12 Un bocal de plomb argentière et cuivre pyriteux , produits de triage.
13 Un échantillon de minéralisation à 30 mètres au dessous de l'af-
   fleurement, présentant une teneur en argent croissant avec la
   profondeur.

14
15
16
17 } Sept bocaux renfermant des produits de triage et lavage du mi-
18   nerai de Villemague.
19
20

21 Un bloc présentant la minéralisation du filon Saint-Sauveur à la
   Boissière , à trois kilomètres de Villemague.
22 Un bocal produit de lavage du minerai de la Boissière.

Mines de Meyrueis (Lozère).

23 Une planche sur laquelle se trouvent fixées les diverses parties du
   filon de galène argentifère de Fourcarès. — Teneur en argent
   675 grammes pour 100 kilogrammes de plomb au mur, et 125
   grammes dans le corps du filon.
24 Trois échantillons de la minéralisation du filon de Cabrillac à l'af-
   fleurement,
25 Un échantillon du minerai de galène argentifère de Malbosc-Ga-
   tuzières. — Teneur en argent 700 grammes aux 100 kilogrammes de plomb.

Mines de Bedouès et Cocurès (Lozère).

1 Un bloc représentant la galène argentifère du filon de la Rivière.
   —Teneur en argent 450 grammes aux 100 kilogrammes de plomb.

2
3 } Produit de triage du filon de la Rivière (galène à petites facettes).

4 Bocal de minerai trié nᵒ 1, grenaille, du filon de la Rivière.
5 Bocal du minerai trié nᵒ 3, du même filon.

Cristallisations.

6 Grande plaque de quartz, recouverte de cristaux de quartz hyalin ,
   prismée , avec cristaux lenticulaires de sulfate de baryte; saupou-
   drés de très petits cristaux de fer sulfuré, du filon de la Rivière.

7 Même échantillon plus petit, du même filon.

8 Cristaux de quartz hyalin prismés limpides, avec baryte sulfatée lenticulaire sur quartz amorphe, du même filon.

9 Même échantillon que le nº 6, même localité.

10 Même échantillon que ci-dessus, même localité.

11 Beaux cristaux de quartz hyalin, prismés, recouverts d'un glacis cristallin, de sulfate de baryte, même localité.

12 Cristaux cubo-octaèdres de plomb sulfuré avec baryte sulfatée en très petits cristaux lenticulaires, du filon de la Rivière.

13 Même échantillon et même localité.

14 Cristaux de galène et de fer sulfuré sur cristaux de quartz hyalin du filon de la Rivière.

15 Même échantillon que le précédent.

16 Galène argentifère en petits cristaux recouverts d'un enduit de petits cristaux de quartz hyalin, même localité que ci-dessus.

17 Beaux cristaux de baryte sulfatée sur une gangue quartzeuse.

18 }⠀⠀Quatre échantillons de baryte sulfatée en cristaux lenticulai-
19 }⠀res (vulg. baryte en crêtes de coqs), recouverts de petits cristaux
20 }⠀de quartz hyalin, limpides, prismés et terminés à chaque ex-
21 }⠀trémité par une pyramide à six faces.

22 Un échantillon de la minéralisation du filon des peupliers, teneur en argent 350 grammes aux 100 kilog. de plomb.

23 Un bloc du filon de la passerelle, 350 grammes argent aux 100 kilogrammes de plomb.

24 Un bloc de galène argentifère du filon de Fleury. Direction E-O. — Plongée N. — Puissance 0ᵐ 30. — Teneur en argent 700 grammes aux 100 kilogrammes de plomb.

24 (bis) Cinq échantillons de galène argentifère de ce même filon.

25 Un bloc de galène argentifère du filon du Gouffre. Direction N-S. — Puissance 2ᵐ 80.

Cette société possède la concession de plomb argentifère de Bedouès et Cocurès, près de Florac (Lozère). Celle de plomb et de cuivre de Saint-Sauveur (Gard) ; elle est en instance pour obtenir celle de Meyrueis (Lozère). Elle exploite par amodiation la concession de lignite (houille stipite) de Servillière et de Lanuejols (Gard). (Voir 5ᵉ section.)

37 — SOCIÉTÉ DES MINES MÉTALLIQUES DU ROUERGUE, arrondissement d'Alais, Gard. (31).

Crespon, Ingénieur de la Compagnie

LISTE DES ÉCHANTILLONS EXPOSÉS.

1 Galène et cuivre pyriteux du filon du Moulin (Rouergue), contenant : cuivre, 9.20 p. 0/0 ; argent 95 grammes aux 100 kilogrammes de minerai.

2 Galène argentifère et cuivre pyriteux, du filon du Moulin (Rouergue). — Puissance 0ᵐ17. Contenant : cuivre 0,41 p. 0/0 ; argent 80 grammes aux 100 kilogrammes de minerai.

3 Galène argentifère du filon du Moulin (Rouergue). Contenant : plomb 38 p. 0/0 ; argent 335 grammes aux 100 kilog. de plomb.

4 Galène du filon du Moulin (Rouergue).—Epaisseur 0,30. Contenant :
   plomb 39 p. 0/0 ; argent 378 grammes aux 100 kilog. de plomb.
5 Galène argentifère du filon du Moulin (Rouergue). — Epaisseur
   0ᵐ38. Contenant : plomb 61 p. 0/0 ; argent 300 grammes aux
   100 kilogrammes de plomb.
6 Galène argentifère du filon du Moulin (Rouergue). — Epaisseur
   0,43. Contenant : plomb 27 p. 0/0 ; argent 125 grammes aux 100
   kilogrammes de plomb.
7 Galène argentifère du filon du Moulin (Rouergue). — Epaisseur
   0ᵐ23. Contenant : plomb 37 p. 0/0 ; argent 690 grammes aux
   100 kilogrammes de plomb.

38 — VITAL-GIRAUD, Ludovic, à Nimes, Gard (16).

Un bloc de galène argentifère des mines de Mayres, Ardèche. Prix de
vente de ces minerais, 40 francs les 100 kilog. sur place.
   Ces mines ne sont pas encore concédées.

39 — IMER, SCHLOESING et FOEX, rue des Princes, n° 16, à
   Marseille, propriétaires des mines de cuivre de Castifao
   et de Moltifao, arrondissement de Corte, près Bastia
   (concession de Saint-Augustin). Corse (108 bis).

LISTE DES ÉCHANTILLONS EXPOSÉS.

1 Un bloc de minerai de cuivre.
2 Douze morceaux de cuivre pyriteux.
3 Un morceau de cuivre gris (Phillipsite).
4 Deux morceaux de cuivre oxidé.
5 Cinq morceaux de malachite et azurite , (cuivre carbonaté vert et
   bleu).
6 Neuf parcelles de malachite et azurite.

   Cette concession a été accordée aux exposants par décret impérial du
4 février 18 7. Son périmètre renferme 1,150 hectares de superficie. Une
fonderie a été établie sur la rive gauche du Tartaggino. Le gisement a
été reconnu sur un parcours de 7 kilomètres par des travaux de profon-
deurs variables ; il suit une direction sensiblement parallèle aux mon-
tagnes de Corse et exactement Nord-Sud.

40 — BEAU, David, fabricant de produits antimoniaux , à
   Alais, Gard (17).

LISTE DES PRODUITS ANTIMONIAUX EXPOSÉS.

1 Antimoine sulfuré lamelleur des mines du Collet, Lozère, appartenant en partie à l'exposant.
2 Antimoine sulfuré aciculaire de la Corse.
3 Antimoine oxi-sulfuré de la Corse.
4 Minerai grillé.
5 Antimoine sulfuré pur grillé.

  6 Scories riches pour raffinage.
  7 Mattes provenant du traitement du minerai par le fer , au four à reverbère.
  8 Scories provenant du même traitement.
  9 Régule de 1ʳᵉ fusion.
10 Régule de 2ᵉ fusion.
11 Régule raffiné provenant du traitement des minerais par le fer.
12 Régule raffiné provenant du traitement du sulfure par le grillag.
13 Verre d'antimoine pour la fabrication de l'émétique.
14 Sulfure d'antimoine.
15 Crocus d'antimoine , pour la pharmacie vétérinaire.

Le sieur David Beau est exploitant de mines d'antimoine et fabricant de produits antimoniaux depuis plus de 40 ans. Il a , pendant long-temps, traité exclusivement les produits de ses mines; mais les arrivages à Marseille de minerais étrangers l'ont engagé à s'approvisionner de ces minerais et à ralentir l'exploitation des mines qu'il possède , le prix de re-vient des minerais du pays se trouvant beauconp plus élevé que celui des mine·ais étrangers.

Les arrivages des minerais corses sont les plus importants et ils ont permis au sieur David Beau , depuis quelques années, de quadrupler sa fabrication.

Le régule qu'il fournit aux fondeurs de Paris jouit d'un prix de faveur de 15 à 20 francs par 100 kilogrammes sur les régules anglais , à cause des moyens employés pour le débarrasser de tous corps étrangers .

(Note de l'exposant.)

41 — PAGÈZE DE LAVERNÈDE , propriétaire de la concession d'antimoine de Malbosc , Ardèche (114).

LISTE DES PRODUITS EXPOSÉS.

1 Échantillon de sulfure d'antimoine des mines de Malbosc.
2 Pain de régule d'antimoine.

Les filons des mines de Malbosc se trouvent dans le terrain silurien an-cien métamorphique.

42 — SOCIÉTÉ DES PYRITES ET BLENDES D'ALAIS Ga·d, (11).
  De Ricqlès , ingénieur.

LISTE DES ÉCHANTILLONS EXPOSÉS.

1 Grand bloc de calcaire recouvert par des cristaux dodécaèdres ir-réguliers , de chaux carbonatée , limpide.
2 Autre gros bloc de calcaire recouvert de cristaux dodécaèdres de chaux carbonatée de Saint-Julien , près Alais.
3 Bloc de calcaire recouvert de cristaux de chaux carbonatée dodé-caèdres à triangles scalènes de Saint-Julien.
4 Gros bloc de pyrite de fer de la mine de Saint-Julien , près Alais : teneur en souffre 48 p. 0/0.
5 Blocs de pyrite de fer associé à de la galène , de Saint-Martin , près Alais.

6 Bloc de galène lamellaire recouverte de pyrite de fer mamelonnée, de Saint-Martin.

7 Pyrite de fer concrétionnée et géodésique de la mine de Soyon, Ardèche; teneur en soufre 48 p. 0/0.

8 Deux blocs de pyrite de fer de la mine de Saint-Martin ; teneur en soufre, 51 p. 0/0,

9 Un bocal de soufre brut extrait de la pyrite de fer.

10 Gros bloc (1 mètre de hauteur) de pyrite de fer, de Saint-Julien, près Alais ; teneur en soufre, 45 0/0.

Cette société exploite les concessions de Saint-Julien de Valgalgues (6 décembre 1854), celle de Saint-Martin, celle des Adams (5 mai 1855), près Anduze, Gard, et celle de Soyons, Ardèche.

La production de ces mines s'élève annuellement de 18 à 20,000 tonnes. Ces pyrites sont consommées, en partie, à l'usine de Salindres près Alais et, en partie, à Marseille.

43 — CHAVANON DE CORBIÈRES, à Alais, Gard, propriétaire de la concession des mines de pyrites de fer du Soulier, près Alais (12).

LISTE DES ÉCHANTILLONS EXPOSÉS.

1 Pyrite compacte de la 1re veine de 1,80, épaisseur.
2 Pyrite compacte de la 2e veine de 2,20   id.
3 Pyrite compacte de la 3e veine de 1,15   id.
4 Pyrite friable de la 4e veine de 0,80   id
5 Pyrite friable de la 5e veine de 0,60   id.
6 Efflorescence du sulfate de fer.
7 Pyrite pulvérisée et blutée pour le souffrage de la vigne et les engrais.

Les mines de pyrites de fer du Soulier, dont la demande en concession, remonte à 1850, ont été concédées, le 19 août 1856, à MM. Savornin, Larguier, Chavanon de Corbières et Benoît, et adjugées, le 24 août 1859, à M. Chavanon de Corbières, l'un des concessionnaires, qui en est aujourd'hui le directeur et l'unique propriétaire.

Les mines du Soulier emploient, journellement, un nombre d'ouvriers qui varie de 150 à 200. Elles ont produit une moyenne annuelle de 15,000 tonnes.

44 — MINES DE PYRITE ET MINIÈRES DE FER DE PALLIÈRES ET LA GRAVOUILLÈRE Gard (61).

Jules Mirial, directeur, à Pallières, par Lasalle.

LISTE DES ÉCHANTILLONS EXPOSÉS.

1 Pyrite à gangue barytique.
1 Pyrite à grains fins. — Gangue quartzeuse.
3 Pyrite passant au minerai du fer.
4 Roche cuivreuse
5 Marne cuivreuse   } et probablement aurifère.
6 Roche cuivreuse effleurie)

7 Minerai de fer (hydrate de peroxide) , exploité depuis 1847.
8 Eau minérale ferrugineuse de la source du Thérond (trop peu connue).
9 Ocre jaune.
10 Brun rouge.
11 Sébile — antiques ayant , selon toute apparence , servi à l'extrac-
12 Râclette — tion de l'or, trouvées dans de vieux travaux situés dans les marnes grises du Keuper
13 Baryte sulfatée de.........— Gite important non exploité.
14 Fragments de lampes romaines trouvés aux mines de la Croix-de-Pallières, ouvertes dans le terrain liasique.

Les mines de pyrite de fer de Pallières et la Gravouillère ont été concédées par décret impérial du 29 décembre 1812 et par ordonnance royale du 1er mai 1822.

Primitivement exploitées pour servir à la fabrication de l'alun et du sulfate de fer (couperose du commerce), elles sont, en ce moment, exploitées pour remplacer le soufre de Sicile dans la fabrication de l'acide sulfurique.

Une *sébile* et une *râclette antiques*, récemment découvertes dans de vieux travaux , font présumer qu'une partie du filon ou qu'une des couches avoisinantes a dû être exploitée comme renfermant des métaux précieux.

On trouve encore, dans certaines parties du filon, de la pyrite essentiellement cuivreuse, et dans d'autres de la pyrite mêlée avec de la galène.

Les minières de fer sont exploitées depuis 1847. Les produits ont été livrés aux forges de Tamaris, près Alais

Des couches d'ocres de diverses nuances, pouvant donner lieu à une grande exploitation , se rencontrent sur plusieurs points.

Au lieu dit le Thérond , se trouve une source d'eau minérale ferrugineuse qui est employée généralement avec succès.

45 — SALEL , Alexandre , à Largentière , Ardèche (8).

Une série d'environ 169 échantillons de minerais de plomb et de fer, provenant de l'arrondissement de Largentière.

46 — VIGOUROUX , Joseph , fondeur mécanicien à Nimes, Gard. — Métal blanc inoxydable (20).

LISTE DES OBJETS EXPOSÉS.

1 Trois petits lingots de métal blanc inoxydable de compositions diverses.
2 Une feuille laminée de ce même métal.
3 Moulage avec ce métal de la Vénus d'Alexandrie (a). Hauteur de la statue, 0m65 , poids environ 20 kilog.

Cet alliage, composé d'étain, d'antimoine et de nickel, varie dans ses proportions selon l'emploi que lui donne l'exposant. On l'emploie surtout pour la fabrication des robinets et le moulage des objets d'art.

(a) L'original de cette tatue a été découvert dans les fouilles de l'aqueduc du Nil , à Alexandrie.

4ᵐᵉ SECTION.

Industrie chimique minérale et Industrie salinière.

47 — Usine de Salindres, Gard. — Saline et usine de Giraud-Camargue, Bouches-du-Rhône.

Merle, Henri, gérant de la société Henri Merle et Cⁱᵉ. — Traitement des eaux de la mer et fabrication de produits chimiques. — Fabrication d'aluminium.

LISTE DES ORJETS EXPOSÉS.

1ᵉʳ GROUPE. — Produits des eaux de la mer.

1 Sel marin ordinaire.
2 Eau mère à 28° apres dépôt de sel marin, et avant refroidissement artificiel.
3 Sulfate de soude hydraté, obtenu par le refroidissement des eaux à 28°.
4 Sulfate de soude anhydré.
5 Eau mère de sulfate de soude déposé par refroidissement artificiel.
6 Sel marin raffiné, obtenu en chaudière par l'évaporation des eaux mères de sulfate de soude.
7 Chlorure double de potassium et de magnesium.
8 Chlorure de potassium.
9 Chlorure de magnesium.

2ᵉ GROUPE — Produits chimiques ordinaires.

10 Sulfate de soude.
11 Sel de soude 90° caustique.
12 Sel de soude 80° caustique.
13 Cristaux de soude ordinaires.
14 Cristaux de soude desséchés.
15 Chlorure de chaux.

3ᵉ GROUPE. — Produits alumineux.

16 Aluminate de soude.
17 Alumine hydratée soluble.
18 Alun de soude cristallisé.
19 Laines teintes avec mordançage à l'aluminate de soude et à l'alun de soude.
20 Resino — aluminate de soude.
21 Laque de cochenille à l'alumine et à l'oxyde d'étain.
21 *bis.* Laque de Brésil à l'alumine et à l'oxyde d'étain.
21 *ter.* Laque de Cuba et d'alumine.
21 *quat.* Laque de fustel et d'alumine.
21 *quint.*
21 *sext.* { Sulfate d'alumine hydraté et anhydre.

4ᵉ GROUPE. — Produits spéciaux pour l'aluminium.

22 Chlorure double d'aluminium et de sodium.
23 Sodium en lingots.
24 Sodium fondu.
25 Alumine salée.

Minerai de pyrite de la mine de Saint-Julien-de-Valgalgues, près d'Alais.
Minerai d'alumine et de fer de la Provence.
Chriolythe du Groënland.
Aluminium : 12 gros lingots de 5 kilogrammes chacun et 93 petits de
267 grammes chacun, environ.
Bronze d'aluminium, objets divers en aluminium et en bronze d'aluminium.

Les deux usines de Salindres et de Giraud sont de création toute récente. Elles ont été fondées par M. Merle, en 1855 et 1856.

Dans l'usine de Giraud, on traite les eaux de la mer par des procédés fort remarquables. Quand les eaux de la mer ont été concentrées par l'évaporation solaire, elles sont soumises, dans des appareils spéciaux, à un refroidissement intense (18 degrés au dessous de zéro) qui modifie l'état des éléments de ces eaux et permet d'en extraire, sous forme utile et avec la plus grande facilité, la totalité des produits qu'elles renferment.

Ces produits sont, outre le sel marin, des sels à base de soude, à base de potasse et à base de magnésie. Cette méthode, qui n'est qu'une nouvelle application des principes posés par M. Balard, l'éminent chimiste, dans le traitement des eaux salées et qui a trouvé dans les appareils réfrigérants de M. Carré un si puissant auxiliaire, est pratiquée par M. Merle, à Giraud, sur une très grande échelle. On traite déjà dans cette usine les eaux produites par l'évaporation d'une surface de 1,000 hectares, et correspondant à une production annuelle de 3,600 tonnes de *sulfate de soude* et de 1,200 tonnes de *chlorure de potassium*, produits spéciaux de cette exploitation. On s'organise pour développer considérablement cette industrie, dont le but n'est pas seulement l'obtention économique du *sulfate de soude*, base et point de départ de tous les sels de soude, mais qui aura pour principal résultat de créer une nouvelle source de *chlorure de potassium*, base et point de départ de tous les sels de potasse, et que l'industrie et le commerce se procurent difficilement aujourd'hui.

L'usine de Salindres sert au raffinage des produits obtenus dans le traitement des eaux salées, à leur transformation en produits plus complexes, plus purs et qui exigent, pour cette transformation, des pyrites et surtout de la houille. Le trait saillant de l'usine de Salindres, c'est le grand soin apporté dans les manipulations délicates qu'exigent tous ces traitements et qui a permis, par exemple, d'avoir, du premier jet, des sels de soude à 90 degrés qu'on n'avait obtenus, jusqu'à ce jour, dans les autres usines que par des éliminations successives des matières impures, éliminations qui entraînaient beaucoup de frais.

Une autre fabrication spéciale à l'usine de Salindres, c'est le traitement par voie sèche des minerais alumineux de la Provence et leur attaque par les alcalis. On en extrait ainsi, à peu de frais, une alumine absolument pure et soluble dans les acides. Cette fabrication, de date encore très récente, paraît devoir prendre une place importante dans l'industrie chimique, car elle va permettre d'offrir aux arts un produit qui jusqu'à présent n'avait pu recevoir ses applications qu'au moyen d'un véhicule très couteux, l'alun.

Enfin l'usine de Salindres a adjoint à ses autres fabrications celle de l'aluminium.— Ce nouveau métal, dont les applications directes ont été restreintes jusqu'à ce jour, vient de trouver un important débouché par l'alliage qu'on en a fait avec le cuivre, alliage qui porte le nom de *bronze d'aluminium*. Ce bronze, fait avec 90 parties de cuivre et 10 parties d'aluminium se coule avec facilité, se forge à chaud, et offre une résistance voisine de celle de l'acier Aussi ces premières propriétés le font-elles rechercher dans beaucoup d'emplois mécaniques. En outre, sa brillante couleur dorée, jointe à son inaltérabilité relative, permettent d'en fabriquer des objets de luxe, des flambeaux, des couverts, etc.... L'exposition de M. Merle, par ses nombreux specimens, offre une étude intéressante de ce qu'on a déjà obtenu, soit avec l'aluminium, soit avec le bronze d'aluminium.

48 — MÉDARD frères, propriétaires du Salin du Repausset, près du Grau du Roi, commune d'Aiguesmortes (136).

Un bocal et une caisse contenant du sel marin en grains cristallisés.

5me SECTION.

Soufre — Houilles — Anthracites — Lignites — Tourbes —Asphaltes—Cokes—Agglomérés et tous les produits provenant de la distillation des matières bitumineuses.

49 — LAJARRIGE et Cie, demeurant à Apt, Vaucluse.
Exploitant la mine de soufre natif des Tapets, située près d'Apt. — Dépôt à Nimes, chez Simil ainé, boulevart des Carmes (31).

LISTE DES ÉCHANTILLONS EXPOSÉS.

1 Un gros bloc de minerai de soufre natif, du poids de 1,020 kilog.
2 Rognons de soufre natif pur, se trouvant dans la roche ci-dessus.
3 Un sac de ce même minerai de soufre trituré et blutté, pesant 100 kilogrammes.

La concession de cette mine date de septembre 1857. Ce minerai contient 25 p. 0/0 de soufre pur; la gangue se compose de sulfate et de carbonate de chaux plus ou moins marneux. Il forme dans le calcaire lacustre éocène une couche très régulière et presque horizontale de 0m60 environ d'épaisseur. Cette exploitation est fort bien aménagée au moyen d'une galerie d'écoulement de 250 mètres de longueur. Ce gisement est reconnu aujourd'hui sur une surface de trois hectares.

Par un moyen mécanique et un triage , ce minerai est enrichi jusqu'à 30 et 35 p. 0/0. Trituré et bluté, il est employé avec avantage pour le soufrage de la vigne.

Prix de vente, les 100 kilogrammes, à l'usine d'Apt :

Minerai de soufre natif en roche...........................,   3 fr.
Soufre trituré et bluté....................................   **7**

50 — BELLIER , Constant, fabricant raffineur de soufre à Marseille , 31 , rue Barthélemy (115).

LISTE DES OBJETS EXPOSÉS.

1 Bloc de soufre venant de Sicile dit Belle-seconde.
2 Bloc de soufre   id.   dit Belle-troisième.
3 Un bocal contenant du soufre en canon.
4 Un bocal contenant du soufre brut trituré.
5 Un bocal contenant du soufre raffiné trituré.
6 Un bocal contenant du soufre sublimé.

Cette usine, d'une superficie de 4,000 mètres, est située à la Capelette, près Marseille. Elle produit environ 100,000 kilogrammes de soufre sublimé par mois , 5,000 kilogrammes de soufre en canon , et 100 noll de soufre trituré. Cette trituration se fait au moyen d'une machine à vapeur. Les chambres où se sublime le soufre, offrent une capacité d'environ 700 mètres.

(Extrait d'une note de l'exposant,)

51 — BAYLE , directeur de la Société anonyme des houillères de Saint-Étienne, Loire (84).

LISTE DES OBJETS EXPOSÉS.

1 Charbon en roche , Fendue Ferdinand , 9ᵉ couche , 18 fr. la tonne prise à Saint-Etienne.
2 Charbon en roche , puits d'Aveize nᵒ 1, 10ᵉ couche , 19 fr. la tonne pris à Saint-Etienne.
3 Charbon en roche, puits Neyron , 3ᵉ couche , 19 fr. la tonne prise à Saint-Étienne.
4 Charbon en roche , puits de la Pompe , 13ᵉ couche, 22 fr. la tonne prise à Saint-Etienne.
5 Charbon en roche , puits Saint-André-de-Méons, 8ᵉ couche , 18 fr. la tonne prise à Saint-Etienne.
6 Charbon en roche, puits Neyron, 4ᵉ couche, 18 fr. la tonne prise à Saint-Etienne.
7 Charbon en roche, puits de l'Eparre , 12ᵉ couche, 16 fr. 50 c. la tonne prise à Saint-Etienne.
8 Charbon en roche , puits Achille , 7ᵉ couche, 21 fr. la tonne prise à Saint-Etienne.
9 Charbon en roche, puits Merle, 5ᵉ couche, 21 fr. la tonne prise à Saint-Etienne.
10 Quatre rondins d'agglomérés.

11 Agglomérés en gros blocs pour la marine, 23 fr. la tonne prise à l'usine de Givors.

12 Coke métallurgique, 22 fr. la tonne prise à Saint-Etienne (Prisme de 1m40 c. de longueur).

13 Coke lavé, 29 fr. la tonne prise à Saint-Etienne (Prisme de 1m40 de longueur).

52 — COMPAGNIE DES MINES DE LA GRAND'COMBE (*a*).

(Société anonyme. — Décret du 3 octobre 1855.)

BEAU, François, directeur (26).

L'exposition de cette société est fort intéressante ; elle se compose de coupes géologiques, de tableaux indiquant la production annuelle de ces mines, enfin d'une série d'échantillons des diverses couches de houille exploitées.

§ 1er. — Coupes géologiques et tableaux statistiques.

1 Un cadre contenant une coupe géologique, à l'échelle de 1 à 2,500, passant par le puits des Nonnes, le puits de la Faille, la galerie de la forêt, la montagne Sainte-Barbe et le Pradel.

2 Un cadre contenant les 4 coupes géologiques suivantes à l'échelle de 1 à 5,000 :

1o Coupe passant par le moulin des Luminières et le puits du Ravin jusqu'à la machine de Luce, no 2.

2o Coupe passant par les Taillades, le puits des Nonnes, le puits de la forêt, la montagne Sainte-Barbe.

3o Coupe passant par le puits du Gouffre, le puits du Ravin, la caserne de la Fontaine et la mine Thérond.

4o Coupe passant par le puits no 2, le puits no 1, Pommier et Fontanieux.

3 Un tableau indiquant la production annuelle des charbons, cokes et agglomérés.

(Suit le tableau.)

(*a*) Cette Société a été primitivement constituée, à partir du 1er janvier 1856, sous le titre de : *Mines de la Grand'Combe et Chemins de fer du Gard.* — Puis sous la dénomination de : *Mines de la Grand'Combe.*

PRODUCTIONS ANNUELLES.

CHARBONS.			COKES.		
Années	Quantités en tonnes.	NOTES et RENSEIGNEMENTS.	Années	Quantités en tonnes.	NOTES et RENSEIGNEMENTS.
1836	34,432	Ces charbons sont de qualités variées, appropriées à tous les usages indus-triels.	1836	»	La fabrication n'a commencé qu'en 1841. — De 1841 à 1844, la fabrication a eu lieu en baches.
1837	55,045		1837	»	
1838	69,183		1838	»	
1839	91,000		1839	»	
1840	111,693		1840	»	— De 1844 à 1855, elle a eu lieu partie en baches et partie en fours clos. — A partir de 1855, elle a eu lieu exclusivement en fours clos.
1841	187,163	On distingue les charbons gras, demi-gras et maigres.	1841	4,000	
1842	198,264		1842	5,138	
1843	212,350		1843	20,506	
1844	263,384		1844	29,060	
1845	295,618	En 1862, la proportion des roches et des menus a été :	1845	31,829	
1846	304,516		1846	34,749	Jusqu'en 1849 , une partie des cokes a été fabriquée exclusivement avec des menus bruts. — De 1849 à 1857, on a employé des proportions variables de menus bruts et de menus lavés.
1847	338,928	Pour les charbons gras et demi gras, 27,5 pour 100 de roches , de 72,5 pour 100 de menus;	1847	42,171	
1848	253,142		1848	30,480	
1849	194,151		1849	23,673	
1850	221,970		1850	16,997	
1851	229,208	Pour les charbons maigres, 32,7 p. 100 de roches, 67,3 pour 100 de menus.	1851	16,671	Enfin , depuis 1858 , on a employé exclusivement des menus lavés.
1852	236,028		1852	20,751	
1853	269,060		1853	24,353	Le coke obtenu est principalement consommé par les hauts-fourneaux de la localité et par le chemin de fer de Paris à Lyon et à la Méditerranée pour son service de traction.
1854	327,121		1854	57,485	
1855	359,856		1855	37,289	
1856	415,699		1856	47,843	
1857	446,561		1857	56,238	
1858	347,044	Production moyenne par homme et par jour : 1 tonne 035 k	1858	50,702	
1859	397,752		1859	52,706	
1860	418,281		1860	55,786	
1861	477,294		1861	61,020	
1862	459,344		1862	56,541	

AGGLOMÉRÉS.

Années	Production en tonnes.	NOTES ET RENSEIGNEMENTS.
1854	877	La fabrication des agglomérés a commencé en 1854. La Compagnie possède aujourd'hui trois usines; deux sur les mines et une à Marseille. Ces usines livrent les agglo-mérés soit sous la forme de rondins , soit sous celle de bri-quettes rectangulaires de diverses dimensions.
1855	12,001	
1856	11,135	
1857	9,628	
1858	9,268	Fabriqués exclusivement avec des menus épurés par le la-vage, ces produits sont consommés par les navires à vapeur de la Méditerranée. Ils présentent de grands avantages sous le rapport de leur faible teneur en cendres et sous celui de l'arrimage. — La matière agglomérante est le brai sec mé-langé d'une certaine quantité de goudron.
1859	12,820	
1860	38,105	
1861	67,196	
1862	56,185	

4 Un tableau donnant le détail des couches de l'exploitation de la Grand'Combe.

DÉTAIL DES COUCHES DE L'EXPLOITATION DE LA GRAND'COMBE.

CHAMPCLAUSON et Gd COMBE.

DÉSIGNATION des couches et nature du terrain.	Charbon.	Rocher.	Totales.	Teinte conventionnelle.
CHAMPCLAUSON	4.28		4.28	
Gros bancs de grès, avec empreintes charbonneuses.		50	54.28	
LAVOIRS	0.90			
Bancs de grès gros grains de quartz. empreintes charbonneuses.		12.5	180.18	
COUCHE No	1.40		181.58	
grès et schistes alternatifs.		70	251.58	
COUCHE No	0.30			
ès		10	261.88	
Schistes de diverses couleurs avec rognons de minerai de fer.		59.70	321.58	
PILHOUSE	3.40		324.98	
istes grisâtres cassants.		29.10	344.08	
ABILON	4.88		348.96	
bistes.........		3.00		
MINETTE	1.20			
chistes gris avec mélange de grès.		20	373.16	
AND-BAUME	2.10		375.26	
ès		2.00	377.26	
	0.80		381.06	

SAINTE-BARBE.

DÉSIGNATION des couches et nature du terrain.	Charbon.	Rocher.	Totales.	Teinte conventionnelle.
SAINTE-BARBE.	0.80		0.80	
Schiste avec empreintes.		15.00	15.80	
BOSQUET schistes	1.30	3.00	17.10	
	1.00		21.10 / 21.10	
Grès schisteux à grains fins....		12.00	33.10	
PLOMB	1.30		34.40	
Grès schisteux ..		12	46.40	
PORTAIL schistes	1.50	1.20	47.90 / 49.10 / 50.30	
	1.20			
Grès à grains fins.		14	64.30	
MINETTE	0.70		65.00	
Grès schisteux...		12	77.00	
BARAQUE	1.30		78.30	
Grès blanc, à grains très fins, très dur.		22.00	100.30	
VELOURS	1.05		101.95	
Schistes avec empreintes.		15.00	116.95	
CANTELADE	0.77		118.02	
Schistes.........		4	122.02	
Grès à grains fins.		10	132.02	
AIROLLE	1.30		133.32	
Schistes feuilletés.		11.60	144.92	
Grès blanc		6	150.92	
Schistes		3.40	154.32	
PIN	30 / 1.70	10	156.82	
Schistes gris, très feuilletés		10	166.82	
Grès blanc mat ..		12	178.82	
Grès et schistes...		7	185.82	
SANS-NOM	3.00		188.82	
	3.00			

SAINT-JEAN.

DÉSIGNATION des couches et nature du terrain.	Charbon.	Rocher.	Totales.	Teinte conventionnelle.
COUCHE No 1	1.40		1.40	
Grès		36	37.40	
COUCHE No 2	0.60		38.00	
Grès		13	51.00	
COUCHE No 3	0.80		51.80	
Grès		11	62.80	
MONTFRIN	1.40		63.00	
Grès		14.75	78.65	
	0.51			
Grès schisteux...		3.50	82.66	
Grès dur		5.00	87.66	
Schistes		2.50	90.16	
MICHEL	1.25		91.41	
Grès dur		7.85	99.26	
CHARBON	0.40		99.66	
Grès schisteux...		2.25	101.91	
Grès dur		6.40	108.31	
Schistes tendres .		2.34	110.65	
REMISE	1.25		111.90	
Schistes........		3.10	115.00	
	0.15		115.15	
Grès et schistes alternatifs.		15.80	130.95	
PUITS	1.40		132.35	
Schistes		8.20	140.55	
Grès		9.50	150.05	
PETITE COUCHE	0.30		150.35	
Schistes		4.0	154.35	
Grès		6.70	161.05	
FUZIDE	1.40		162.45	
Schistes		4.20	166.35	
Grès		4.80	171.15	
COMBE FER	0.50		171.65	
Schistes.		5.00	176.65	
COUCHE No	0.50		177.15	
Grès.		15.00	192.15	
LISERET	0.10		192.25	
Grès		8.00	200.25	
POMMIER	1.80		202.05	

Échelle de 0m001 pour les couches de charbon.

§ 2. — Echantillons de houille , coke et agglomérés.

1 Exploitation de la mine Fournier. — Couche Pilhouse, puissance
1ᵐ20. Charbon 1/2 gras, consommé par les savonneries, le chemin de fer. — Coke et métallurgie.

2 Exploitation de la mine Fournier. — Couche Abilon, puissance
3ᵐ75, charbon très gras, consommé par les locomotives des chemins de fer de la Méditerranée et du Midi, par les savonneries et distilleries, le chauffage domestique.—Forge maréchale, cokes, agglomérés.

3 Exploitation du puits du Ravin. — Couche Grand'Baume, banc inférieur, puissance 4ᵐ30. Charbon 1/2 gras, consommé par les locomotives des chemins de fer de la Méditerranée et du Midi, par les savonneries et distilleries, le chauffage domestique. — Forge maréchale, cokes.

4 Exploitation du puits de Trescol. — Couche Grand'Baume, banc inférieur, puissance 4ⁿ30. Charbon 1/2 gras consommé par les locomotives des chemins de fer de la Méditerranée et du Midi, par les savonneries et distilleries , le chauffage domestique. — Forge maréchale, cokes.

5 Exploitation du puits du Ravin. — Couche Abilon, puissance 3ᵐ 75, charbon très gras, consommé par les locomotives des chemins de fer de la Méditerranée et du Midi , par les savonneries et distilleries , le chauffage domestique. — Forge maréchale , cokes, agglomérés.

6 Exploitation de la mine Abilon. —Couche Abilon-Minette, puissance 0ᵐ90, charbon gras, consommé par les locomotives des chemins de fer de la Méditerranée et du Midi , par les savonneries et distilleries, le chauffage domestique. — Forge maréchale, cokes.

7 Exploitation de Champclauson. — Couche Champclauson, misette, puissance 0ᵐ40 , charbon à longue flamme , consommé par les bateaux de la marine impériale, les messageries impériales , le chauffage domestique, agglomérés.

8 Exploitation de Champclauson. — Couche Champclauson , Garde , puissance 0ᵐ35, charbon sec à longues flammes , consommé par les bateaux de la marine impériale , les Messageries impériales , le chauffage domestique , agglomérés.

9 Exploitation de Champclauson , fin. — Puissance 1ᵐ20 , charbon sec à longues flammes , consommé par les bateaux de la marine impériale , les Messageries impériales , le chauffage domestique , agglomérés.

10 Exploitation de la mine Baraque.— Couche des Portails, puissance 2ᵐ 50, charbon gras , consommé par les bateaux du Rhône, les distilleries, le chauffage domestique, coke.

11 Exploitation de la mine Baraque. — Couche Minette , puissance 0ᵐ51, charbon gras , consommé par les bateaux du Rhône , les distilleries, le chauffage domestique , coke.

12 Exploitation du puits du Ravin. — Couche Grand'Baume, banc supérieur, puissance 1ᵐ80, charbon gras , consommé par les locomotives des chemins de fer de la Méditerranée et du Midi, par les savonneries et distilleries, le chauffage domestique. — Forge maréchale , coke.

13 Exploitation de la mine Cantelade.— Couche Cantelade, puissance 0ᵐ90, charbon 1/2 gras , consommé par les bateaux du Rhône , les distilleries et le chauffage domestique.

14 Exploitation de la mine Cantelade. — Couche Baraque, puissance 1 mètre, charbon gras , consommé par les bateaux du Rhône, les distilleries et le chauffage domestique.

15 Exploitation de la mine Airolle. — Couche Airolle, puissance 1ᵐ20, Charbon sec à longues flammes, consommé par les bateaux de la marine impériale et les Messageries impériales.

16 Exploitation du puits Sans-Nom.— Couche du Pin, puissance 1ᵐ20, charbon sec, consommé par le chauffage domestique et distilleries.

17 Exploitation du puits Sans-Nom. — Couche Sans-Nom, puissance 3 mètres, charbon de forge, coke, agglomérés.

18 Exploitation de Saint-Jean.— Couche de la Remise, puissance 0ᵐ90, charbon sec, consommé par les bateaux, les messageries impériales, les filatures, les distilleries et le chauffage domestique.

19 Exploitation de Saint-Jean. — Couche du puits, puissance 1ᵐ20 , charbon sec, consommé par les bateaux des Messageries impériales, les filatures, les distilleries et le chauffage domestique.

20 Exploitation de Saint-Jean. — Couche Michel, puissance 0ᵐ60, charbon sec, consommé par les bateaux des Messageries impériales, les filatures, les distilleries et le chauffage domestique.

21 Exploitation de la mine Baraque. — Couche Baraque, puissance 1 mètre , charbon gras , consommé par les bateaux du Rhône, les distilleries, le chauffage domestique , coke.

22 Exploitation du puits du Gouffre. — Couche Grand'Baume , banc inférieur, puissance 4ᵐ30 , charbon 1/2 gras, consommés par les locomotives des chemins de fer de la Méditerranée et du Midi, les savonneries, distilleries, et le chauffage domestique. — Forge maréchale, coke.

23 Exploitation de Champclauson. — Couche Champclauson , dur , puissance 0ᵐ60, charbon sec, chauffage domestique.

24 Exploitation de Champclauson. — Couche Champclauson, sous-garde, puissance 0ᵐ55, charbon sec à longues flammes, consommé par les bateaux de la marine impériale, les Messageries impériales le chauffage domestique, agglomérés.

25 Exploitation de Saint-Jean. — Couche du puits, puissance 1ᵐ20 , charbon sec, consommé par les bateaux des Messageries impériales, les filatures, les distilleries et le chauffage domestique.

26 Exploitation du puits de Trescol.—Couche Grand'Baume, banc supérieur, puissance 1ᵐ80, charbon gras , consommé par les locomotives des chemins de fer de la Méditerranée et du Midi , par les savonneries et distilleries, le chauffage domestique. — Forge maréchale, coke.

27 Exploitation du puits du Ravin. — Couche Abilon , banc de la Batarde, puissance 0ᵐ 80, charbons très gras, consommés par les locomotives des chemins de fer de la Méditerranée et du Midi, par les savonneries et les distilleries , le chauffage domestique. — Forge maréchale, cokes, agglomérés.

28 Exploitation de la mine Baraque. — Couche Velours , puissance 1ᵐ60 , charbon gras, consommé par les bateaux du Rhône , les distilleries et le chauffage domestique.

29 Exploitation de la mine Luce. — Couche Grand'Baume, banc supérieur, puissance 1ᵐ 80, charbon gras, consommé par les locomotives des chemins de fer de la Méditerranée et du Midi, par les savonneries et distilleries, le chauffage domestique. — Forge maréchale, coke.

30 Exploitation du puits de Trescol. — Couche Grand'Beaume, banc moyen, lard, puissance 1ᵐ20, Charbon gras, consommé par les locomotives des chemins de fer de la Méditerranée et du Midi, par les savonneries et distilleries, le chauffage domestique. Forge maréchale, coke.

31 Charbons menus agglomérés.—Rondins système Eward (usine sur les mines) consommées par les bateaux des Messageries impériales, les locomotives des chemins de fer de la Méditerranée et du sud Autrichien-Lombard, chauffage domestique.

32 Charbons menus agglomérés.—Briquettes, système Mazeline (usine sur les mines) consommées par les bateaux des Messageries impériales, les locomotives des chemins de fer de la Méditerranée et du sud Autrichien-Lombard, chauffage domestique.

33 Cokes. — Fours clos (usine sur les mines). Consommés par la métallurgie et les locomotives des chemins de fer.

34 Deux grandes pyramides en briquettes et en coke formant, extérieurement, l'entrée de la galerie de minéralogie (hauteur 4ᵐ50).

Les concessions de houille de la société des mines de la Grand'Combe font partie du bassin d'Alais, Gard ; cinq de ces concessions forment le groupe de la Grand'Combe ; la sixième est celle de Saint-Jean-de-Valériscle. Leur superficie totale est de 91 kilomètres, 65 hectares ;

Dont { 69 kilom., 88 hectares, pour le groupe de la Grand'Combe.
{ 21 id.   77   id.   p. la conces. de Saint-Jean de Valériscle.

L'importance de ces mines est trop connue pour qu'il soit nécessaire d'en donner ici une notice détaillée et de fournir d'autres détails que ceux qui sont indiqués ci-dessus.

53 — Concession Houillère de Robiac et Meyrannes, Gard (28).

Concession du 12 novembde 1809. — Chalmeton, Ferdinand, directeur.

LISTE DES OBJETS EXPOSÉS.

1 Grande coupe géologique, peinte sur toile, de la montagne de Bessèges, de 10 mètres de longueur sur 7 mètres de hauteur.
Cette coupe a été peinte par M. Eugène Alphandéry, sous la direction de M. Révoil.

2 Reproduction, en nature et de grandeur naturelle, d'une galerie de niveau ouverte dans une couche de houille de 0ᵐ80 d'épaisseur. Le fonds de la galerie, de 10 mètres de longueur, montre le charbon entaillé et prêt à être abattu. Un petit rejet, ou dénivellation de la couche, est indiqué vers le milieu de la galerie qui a 2 mètres de haut sur 2 mètres de large. Pour rendre l'illusion plus complète, on a fixé au toit de la galerie des empreintes végétales comme fougères, sigillaires, lépidodendrons, etc., débris organiques fossiles, caractéristiques de la formation houillère.

Cette galerie est munie d'un chemin de fer où circule un waggon (modèle de Bességes avec roues à patentes de Veillon).

Elle est éclairée par la lampe ordinaire à feu nu, et les lampes de sûreté de M. Mueseler et de M. Dubrulle.

On voit, en outre, dans la même galerie, la lampe électrique de MM. Dumas et Benoit (Voir nᵒ 126 — 10ᵉ section).

3 Aquarelle représentant les installations du puits Grangier et les diverses phases du travail intérieur dans la mine de ce nom.
4 Aquarelle représentant l'entrée de la mine Saint-François, nᵒ 3.
5 Aquarelle représentant l'extrémité supérieure du plan incliné nᵒ 3.

Ces trois belles aquarelles ont été exécutées par M. Révoil.

6 Plusieurs faisceaux d'outils de mineurs ornant l'entrée de la galerie.
7 Un plan des travaux de la couche Saint-Emile.
8 Deux grandes pyramides de houille, ayant 4 mètres de hauteur, ornant, extérieurement, l'entrée de la galerie de minéralogie.
9 Cable hors de service, fabriqué par M. Roche, d'Anduze, ayant servi au puits Grangier, à Bességes, du 14 mai 1859 au 24 août 1862. A cette date, on avait extrait par ce câble qui passait par le tambour, 165,320 tonnes brut, correspondant à 86,190 net et à 56,000 manœuvres. Profondeur du puits 100 mètres ; vitesse d'ascension 3 mètres par secondes ; charges alternatives de 2,500 kilogrammes et de 4,000 kilogrammes.

Quatorze couches de houille existent dans la montagne de Bességes.

Voici les noms et la puissance de ces couches, en allant de bas en haut, et l'épaisseur des intervalles de rochers qui les séparent.

	Houille.		Rocher.	
1 Couche de houille inexploitée.............	"		"	"
Intervalle...............................	30 " à		"	40 "
2 Couche de houille touchée en un seul point , mais non encore reconnue...............	"		"	"
Intervalle.............................			"	25 "
3 Couche Saint-Félix, puissance variant de....	0.80 à	1.20	"	"
4 Couche Sainte-Barbe, puissance de 1 à 2ᵐ généralement...........................	1.20 à	1.40		"
Intervalle............................	"		"	10 "
5 Couche Saint-Auguste , puissance de........	1.80 à	2.20	"	"
Elle est divisée en 4 ou 5 bancs , dont deux de 0,75 à 0,80 l'un au mur, l'autre au toit, le plus souvent assez éloignés pour donner lieu à deux exploitations séparées........				
Intervalle............................	20 " à		"	22 "
6 Couche Saint-Emile, puissance............	1.40 à	2.20	"	"
Intervalle de........................	50 " à		"	55 "
Il est divisé en 3 parties à peu près égales par deux petites couches de 0ᵐ40 d'épaisseur, non comptées dans la série				
7 Couche Saint-Mathea , puissance de........	0.70 à	0.90	"	"
Intervalle de	12 " à		"	15 "
8 Couche Saint-André, puissance de.........	1 " à	1.20	"	"
Intervalle de	7 " à		"	8 "

9 Couche Saint-Yllide de ...., 1.80 à 2.20   " "
La plus puissance de la coupe, correspon-
dant probablement à la couche dite Sainte-
Barbe de la concession de Lalle.
Intervalle de............................ 30 " à   " 35 "
10 Couche Saint-François, puissance de....... 0.70 à 1 "   " "
Intervalle de........................... 15 " à   " 18 "
11 Couche de houille, puissance de.......... 0.70 à 0,80 " "
Intervalle de....................... 8 à   " 10 "
12 Couche de houille, puissance inconnue.... " " " "
Intervalle environ........................ " " 30 "
13 Couche inexplorée.................... " " "
Intervalle de....................... 4 " à " 5 "
14 Couche de houille inexplorée .... " " "

Epaisseur totale de la houille.... 13.10
Epaisseur totale des bancs de rocher qui séparent
les couches de houille............................ 273.00

A 18 ou 20 mètres au-dessus de cette couche ,on arrive à la crête de la montagne. Les dénudations du sol empêchent de continuer la coupe du terrain houiller qui ne s'arrête certainement pas à ce niveau géologique.

Le chiffre de l'extraction des mines de Bességes est de 320,000 tonnes par an.

54 — COMPAGNIE DE L'ÉCLAIRAGE AU GAZ ET DES HAUTS-FOURNEAUX ET FONDERIES DE MARSEILLE ET DES MINES DE PORTES ET SÉNÉCHAS, Gard (29).

(Société anonyme. — Décret du 16 août 1860,)

Mines de houille de Portes et Sénéchas. — Concession du 3 juillet 1822.

BOUCHARD, directeur.

LISTE DES ÉCHANTILLONS EXPOSÉS.

1 Charbon de grille, couche Palmesalade.
2 Charbon de grille, couche Saint-Augustin.
3 } Charbon anthraciteux, couche Champclauson. — Emploi: chauf-
4 } fage domestique , vers à soie ; le même est très bon pour la
    fabrication de la chaux.
5 } Coke fabriqué au four appolt avec 3/4 de charbon gras et 1/4
6 } charbon anthraciteux de la couche Champclauson : rendement
    82 p. 0|0.
7 } Coke fabriqué au four appolt avec du charbon gras seul : rende-
8 } ment 80 p. 0/0.
9 Charbon gras, couche Rouvière.
10 Charbon gras, couche Jenny.
11 Charbon menu lavé pour la forge.
12 Minerai de fer carbonaté des houillères contenant, cru, de 40 à 45
    p, 0/0 de fer.

Ces mines ont pris un accroissement rapide depuis une dizaine d'années; elles fournissent annuellement 120,000 tonnes.

Elles sont mises en communication avec le chemin de fer de la Méditerranée par un double système de plans à machines fixes et bisautomoteurs (système Bourdaloue et de Veyvialle), dont le type primitif fonctionne aux mines de la Grand'Combe depuis une vingtaine d'annés.

55—Concession des mines de houille de Trélys et Palmesalade, Gard, appartenant à la compagnie des Forges d'Alais (116).

Concession du 27 août 1827. — Calas , Jules, directeur.

LISTE DES ÉCHANTILLONS EXPOSÉS.

1 Cube de houille de la couche Saint-Emile , puissance 1,80,
2   —   de la couche Saint-Auguste, puissance 0,75.
3   —   de la couche Sainte-Barbe, puissance 1,20.
4   —   de la couche Saint-Félix, puissance 0,80.
5   —   de la couche des Anglais , puissance 1.
6   —   de la couche du Feljas, puissance 1,30.
7 Sept empreintes végétales de la couche Saint-Emile.
8 Deux   —   de la couche Saint-Auguste.
9 Deux   —   de la couche Sainte-Barbe.
10 Quatre   —   de la couche Saint-Félix.
11 Fours à boulanger. Coke provenant de charbon lavé, criblé à 2 cent.
12   —   —   criblé à 3 cent.
13   —   —   criblé à 2 cent.
14   —   —   criblé à 2 cent.
15   —   —   criblé à 1 cent.
16   —   —   criblé à 2 cent.
17   —   —   criblé à 3 cent.
18 Deux pyramides de houille de 3ᵐ50 de hauteur, placées extérieurement vers l'entrée de la galerie de minéralogie.

Cette concession a été faite par ordonnance royale du 27 août 1828 ; sa surface est de 1827 hectares.

Ces mines ont été aménagées avec beaucoup d'habileté , et l'on peut dire que leur exploitation régulière ne remonte qu'au mois de mai 1855.

Le tableau suivant donne une idée de leur importance.

Extraction de la houille.		Lavage aux machines Berrard. — Charbon lavé pour fabrication de coke.		Usages principaux.
Année 1856	5,000 t.	Année 1857	16,800 t.	
— 1857	24,500.	— 1858	25,600	Métallurgie (fonderies et forges d'Alais).
— 1858	45,000	— 1859	24,000	
— 1859	48,000	— 1860	28,500	Marine impériale.
— 1860	60,000	— 1861	38,100	
— 1861	90,000	— 1862	45,900	Chemins de fer (Méditerranée).
— 1862	120,000			
— 1863	119,000			

56 — COMPAGNIE DES FONDERIES ET FORGES DE TERRENOIRE, LA-
VOULTE ET BESSÉGES (113).

(Société anonyme. — Décret du 22 janvier 1859.)

Mines de houille de Lalle. — Concession du 30 avril 1828.

LISTE DES ÉCHANTILLONS EXPOSÉS.

1 Trois cubes de houille de la couche Sainte-Barbe.
2 Quatre cubes de houille de la couche Saint-Henri.
3 Un cube de houille de la couche nº 1.
4 Quatre cubes de houille de la Grande-couche, banc supérieur.
5 Quatre cubes de houille de la Grande-Couche, banc inférieur.
6 Deux cubes de houille de la couche nº 2.
7 Quatre cubes de houille de la couche dite Tri-de-Chaux.
8 Quatre cubes de houille de la couche nº 7.
9 Trois blocs de coke, employé pour locomotives, hauts-fourneaux,
etc. (prismes de 1 mètre de hauteur).

Les détails suivants donnent une idée exacte de l'importance de cette concession.

CONCESSION DE LALLE.

Date de la concession : 30 avril 1828.
Étendue de la surface concédée : 406 hectares.
Exploitée par la Compagnie des fonderies et forges de Terrenoire, La-
voulte et Bességes, depuis le 24 octobre 1853.

EXTRACTION.

Année 1854	1,061,000 t.	Année 1858	»
— 1855	»	— 1859	41,222,000 t.
— 1856	26,519,000	— 1860	47,060,000
— 1857	»	— 1861	36,542,000 (a)

Accident de Lalle (11 octobre 1861).

Inondation des travaux. — Eau extraite du 11 octobre 1861 au 4 janvier 1862 : 191,460 m. c.

Janvier, février, mars 1862, travaux de réparation. — Avril 1862, reprise des travaux d'extraction.

Extraction en 1862 : 31,872,000 tonnes, avec un épuisement de 273,875 m. c. d'eau.

Mottes....... 10,095 tonnes ⎫
Menus....... 21,777   —   ⎬ Soit 31 p. 0/0 de rendement en gros.

1ᵉʳ trimestre 1863.		Mottes.	Menus.	Total.	Eau extraite.
	Janvier.	2 047,920	3,481,464	5,529,384	39,945 m.c.
	Février.	1,585,965	2,713,865	4,299,830	20,184
	Mars ...	1,670,490	2,901,962	4,572.452	20,685
	TOTAL.	5,304,375	9,097,291	14,401,666	80,814 m.c.

Proportion en gros : 55,5 p. 0/0.
En général, houille grasse à gaz : gros et grêle de 1ʳᵉ qualité.

(a) L'extraction de 1861 n'est comptée que jusqu'au 11 octobre 1861, date de l'accident de Lalle.

COUCHES EXPLOITÉES AU 1er JANVIER 1863.

NOMS DES COUCHES.	Puissance.	NATURE ET USAGE.	Teneur en cendres du gros.	Rendement de la houille lavée en coke.
Ste-Barbe (couche inférᵉ).	1m20	Charbon gras ; donne du menu à gaz.	8 p. 0/0	70 p. 0/0
Petite couche.............	0.40	Peu exploitée. — Houille grasse.	»	»
Saint-Henry	1.50	Charbon gras. — Menu de forge 1ʳᵉ qualité.	7.5 p. 0/0	70 p. 0/0
Grande couche. Banc nº 1	1.40	Charbon gras. — Menu à gaz.	7.6 p. 0/0	69 p. 0/0
Grande couche. Banc nº 2.	1.20	Id. Id.	8 à 9 p. 0/0	69.5 p. 0/0
Tri-de-Chaux	1.50	Houille grasse. — Bon coke métallurgique.	10 à 11 p. 0/0	73 p. 0/0
Couche nº 7	1.30	Houille grasse.	9 p. 0/0.	71 p. 0/0

Outre ces couches, l'étude des affleurements en a indiqué encore 10 autres : 4 au mur de Sainte-Barbe, 6 au toit de la couche nº 7.

L'épaisseur de la houille contenue dans le système de Lalle est donnée par la coupe suivante :

	Nᵒˢ d'ordre.	PUISSANCE du charbon	PUISSANCE du rocher intercalé.	OBSERVATIONS.
Couches supérieures à celles exploitées.	17	0.40	55.00	
	16	0.90	30.00	
	15	0.80	25.00	
	14	1.50	18.00	Couche Laval.
	13	0.80	5.00	
	12	0.90		Couche nº 8 (exploitée et recoupée en mai 1863).
	Total.	5.30	25.00	
Couches exploitées .	11	1.30	35.00	Couche nº 7 (exploitée).
	10	1.50	30.00	Tri-de-Chaux.
	9	1.20	10.00	Banc nº 2 de la grande couche.
	8	1.40	19.00	Banc nº 1 de la grande couche.
	7	1.50	7.00	Saint-Henri.
	6	0.40	55.00	Petite couche.
	5	1.20		Sainte-Barbe.
	Total.	8.50	24.00	
Couches inférieures à celles exploitées.	4	0.80	17 00	Sans dénomination.
	3	1.50	7.00	Id.
	2	0.80	10.00	Id.
	1	0.40		Id.
	Total.	3.50		
Total général....		17.30	331.00	

Total du système : 348m00, Soit, houille : 4m93 p. 100.

Inclinaison des couches : 50° à 85°.

57 — PAGÈZE DE LAVERNÈDE , propriétaire de la Concession houillère des Salles de Gagnières Gard (117).

(Concession du 28 coût 1832.)

LISTE DES ÉCHANTILLONS EXPOSÉS.

1 Un bloc de houille de la mine des Salles.
2 Un échantillon de coke   . id.
L'exploitation de ces mines a été reprise il y a trois ans, environ.

58 — Concession Houillère de Comberedonde , appartenant à la Compagnie des mines de plomb argentifère de Vialas, Gard. — CRESPON , Joseph, directeur (31).

(Concession du 30 août 1828.)

LISTE DES ÉCHANTILLONS EXPOSÉS.

1 Un cube de houille de la couche de la Serre, puissance 0ᵐ80.
2   —   de la couche de Champclauson , banc inférieur au nᵒ 1, puissance 1ᵐ30.
3   —   de la couche Champclauson , banc nᵒ 2, puissance 1ᵐ00.
4   —   de la couche Champclauson, banc nᵒ 3, puissance 0ᵐ80.
5   —   de la couche Rouvière supérieure , puiss. 0ᵐ90.
6   —   de la couche Rouvière, intermédiaire, puissance 1ᵐ25.
7   —   de la couche Rouvière inférieure, puissance 1ᵐ55.
8   —   de la couche de la Forge. puissance 1ᵐ36.
9 Tige de Sigillaire, de 1ᵐ80 de longueur , du toit de la couche des Blachères (Sainte-Barbe. système inférieur).
10 Tige de Sigillaire (Sigillaria reniformis), *(Ad. Brong.)* de 1ᵐ20 de longueur du toit de la couche Rouvière inférieure.
11 Tige de Lepidodendron de 1ᵐ40 de longueur du toit de la couche de la Forge.

59 — MICHEL, Armand et Cⁱᵉ, de Marseille , exploitants la Concession de lignite de Pépin et Saint-Savournin nord, Bouches-du-Rhône (25).

LISTE DES OBJETS EXPOSÉS.

Coupe géologique de la partie utile du bassin à lignite, contenant 7 couches de combustibles exploitables.
Echantillons des roches et couches de combustibles indiqués dans cette coupe , avec numéros d'ordre allant de haut en bas.
I Grès calcaire connu dans le pays sous le nom de Barre-Rousse, formant, dans le bassin, un horizon géologique bien déterminé.
2 Calcaire pouvant être considéré comme type des roches de cette zône de la coupe.
3 Lignite de la plus haute couche exploitable , dite mine de Gréasque.

 4 Calcaire type des roches de cette zône.
 5   Id.   Id.
 6 Lignite de la couche dite mine de Deux-Pans.
 7 Calcaire type des roches de cette zône.
 8 Lignite de la couche dite mine de l'Eau.
 9 Calcaire type des roches de cette zône.
10 Lignite de la couche dite mine du Gros-Rocher.
11 Calcaire du mur (ou dessous) de la couche du Gros-Rocher.
12 Calcaire du toit (ou dessus) de la mine dite de Quatre-Pans.
13 Lignite de la couche dite de Quatre-Pans.
14 Calcaire du mur de la couche de Quatre-Pans.
15 ⎫
16 ⎭ Calcaires types des roches de cette zône.
17 Lignite de la couche dite Mauvaise-Mine.
18 Calcaire de la couche dit Banc-Coquillier.
19 Lignite de la couche dite Grande-Mine.
20 Calcaire type des roches de cette zône.

Tous ces échantillons proviennent du bassin à lignite du terrain tertiaire du département des Bouches-du-Rhône. Ces lignites sont exploités en grand, pour la consommation de l'industrie de Marseille et de ses environs , ainsi que pour le chauffage des chaudières à vapeur des bateaux de la Méditerranée.

60 — M. LHUILLIER et Cⁱᵉ, Marseille.
Société de charbonnage des Bouches-du-Rhône (23).

LISTE DES OBJETS EXPOSÉS.

Waggons d'intérieur de mines d'un modèle spécial, renfermant chacun un échantillon de trois principales qualités livrées à la consommation , savoir :

1 Benne de gréasque à *essieux passants* (moyen ordinaire), contenant 5 hectolitres de *gros charbon*.

Poids de la benne pleine... 557ᵏ 300
Poids mort ou tare....... 185   000
Poids net..... 372   300

2 Même benne contenant 5 hectolitres de charbon dit *grelasson* , à *essieux passants* (boite à patent),

Poids de la benne pleine... 572ᵏ 300
Poids mort ou tare........ 185   000
Poids net....... 387   300

3 Même benne contenant 5 hectolitres de menu charbon dit *terre grosse* à *essieux passants* (moyen ordinaire).

Poids de la benne pleine.... 636ᵏ 300
Poids mort ou tare......... 185   000
Poids net..... 451   300

La production des lignites de Fuveau s'élève, par jour, à 500 tonnes. La marine impériale en consomme de 50 à 100 tonnes par jour.

61 — BRUNEL Jean , demeurant à Saint-Jean de Maruejols, fermier de la Concession d'Avéjan, Gard (75).

(Concession du 22 juillet 1854.)

Un bloc de charbon de 1,500 kilogrammes. Prix de vente à la mine, 10 francs la tonne.

Le gisement de cette couche de combustible est situé dans le calcaire d'eau douce eocène.

62 — ROUMESTAN, Jean-Auguste, de Saint-Julien de Valgalgues, exploitant les mines de lignite de St-Laurent Lavernède (104).

LISTE DES OBJETS EXPOSÉS.

1 Quatre blocs de lignite.
2 Trois échantillons d'ocre de diverses couleurs.
3 Trois échantillons de terre réfractaire.
4 Echantillons de minerai de fer.

Le gisement de ce combustible est situé dans le terrain crétacé, étage des grès verts.

Les mines de lignite de Saint-Laurent-Lavernéde ne sont point encore concédées. — Toutefois, MM. Roumestan et Peyrache ont formé une demande en concession qui a été enregistrée à la Préfecture du Gard le 10 juillet 1862, sous le n° 27. Cette demande a été soumise aux affiches réglementaires par arrêté préfectoral du 25 septembre 1862.

63 — MM. JOLY, à Meyrueis, Lozère. Exploitants par amodiation les mines de lignite de Lanuéjols et Servillières (118).

LISTE DES ÉCHANTILLONS EXPOSÉS.

1 Un bloc de la couche inférieure, charbon de grillage.
2 Deux blocs de la couche supérieure, charbons de forge.
3 Un morceau de calcaire argilo-schisteux, représentant l'épaisseur 0ᵐ15 de la couche intercallaire.
4 Un bloc de calcaire oxfordien avec débris organiques formant le terrain encaissant.

Ces couches de lignite sont situées dans l'étage oxfordien.

64 — CHALLETON DE BRUGHAT, demeurant à Montaugèr, près Mennecy, vallée de l'Essonne, Seine-et-Oise (83).

LISTE DES ÉCHANTILLONS EXPOSÉS.

1 Tourbe brute telle qu'elle est extraite de la tourbière.
2 Tourbe condensée préparée à l'usine de Montauger, par les procédés et les appareils brevetés de l'exposant.
3 Coke fait dans la même usine avec la tourbe condensée.
4 Ammoniac 24° B, extrait directement , pendant la carbonisation de la tourbe.
5 Benzine obtenue directement dans les appareils à carboniser la tourbe.

Le système Challeton de Brughat permet de donner à la tourbe les qualités qui lui manquent et d'en faire un combustible pouvant servir à tous les chauffages, même celui des locomotives et des bateaux à vapeur, ainsi que le démontrent les expériences faites par ordre du ministre des travaux publics, sur le chemin de fer d'Orléans.

(Extrait d'une note de l'Exposant.)

65 — JOURDAN, Jules, à Alais, Gard (99).
Charbon végétal et minéral trituré.

LISTE DES OBJETS EXPOSÉS.

1 Charbon végétal trituré.
2 Id. minéral trituré.
3 Sable de moulerie trituré.

Ces produits sont triturés à une température de 125° centigrades , et sont employés dans les usines métallurgiques pour les moulages et la confection des brasques.

66 — CONCESSION DES MINES D'ASPHALTE DE SERVAS ET USINE D'ALAIS, Gard (30).

(Concession du 17 février 1844.)

BEAU, David, gérant de la Compagnie, à Alais.

LISTE DES PRODUITS EXPOSÉS.

1 Minerai contenant de grandes quantités de bitume asphaltique dans les fissures.
2 Minerai dur, 14 p. 0/0 de bitume environ.
3 Minerai de la concession des *Fumades* (concession du 17 février 1844), exploitée par la Compagnie de Servas.
4 Minerai de Servas, tendre (riche).
5 Minerai de Servas, mi-dur.
6 Goudron asphaltique, provenant de la liquation des roches, chauffées dans des cornues en tôle placées verticalement dans un four à reverbère.
7 Minerai pulvérisé, servant à la fabrication du mastic asphaltique.
8 Mastic asphaltique (fabrication courante).

Les mines d'asphalte de Servas furent concédées, le 17 février 1844, à MM. Serres, d'Alais, et à Mme N. de Lachadenède qui en sont encore copropriétaires. Ces mines sont situées à 10 kilomètres à l'est d'Alais.

L'exploitation et la fabrication datent de janvier 1849.

Le minerai de Servas est transporté à l'usine de la Compagnie, située à 2 kilomètres d'Alais; il est fondu dans des chaudières en fonte, munies de pétrissoirs, mûs par une machine à vapeur.

Cette usine marche sans interruption depuis sa fondation ; elle est montée pour fabriquer 10,000 kilog. de mastic par jour.

La quantité de mastic fabriqué et livré annuellement au commerce par la Compagnie de Servas, est de 600 à 1,000 tonnes, dont la majeure partie est employé à Nimes, Montpellier et Marseille.

(Extrait d'une note du gérant).

Le gisement de ces roches asphaltiques est situé dans le calcaire lacustre éocène.

67 — CONCESSION DE LA MINE D'ASPHALTE DE SAINT-JEAN-DE-MA-
RUÉJOLS, Gard (32).

(Concession du 4 juin 1859.)

JOUVE et ROGIER, à Marseille.

LISTE DES OBJETS EXPOSÉS.

1 Calcaire asphaltique des mines de Saint-Jean-de-Maruéjols.
2 Pain d'asphalte de Saint-Jean-de-Maruéjols.
3 Pain d'asphalte de Saint-Jean-de-Maruéjols, perfectionné avec du
bitume de la Trinité.
4 Pain d'asphalte de Saint-Jean-de-Maruéjols, perfectionné et rendu
flexible aux rayons du soleil avec le bitume de la Trinité.

Ces roches asphaltiques sont situées, comme les précédentes, dans le
calcaire lacustre éocène.

68 — CONCESSION DE LA MINE D'ASPHALTE DE SAINT-JEAN-DE-MA-
RUÉJOLS, Gard (33).

(Concession du 4 juin 1359.)

PUECH, ROGIER et Cᵉ, à Nimes.

Pusch aîné, asphalteur, gérant, rue Robert, n° 2, à Nimes.

LISTE DES OBJETS EXPOSÉS.

1 Un bloc roche asphaltique de la concession de Saint-Jean-de-
Maruéjols, de 0ᵐ95 de longueur.
2 Id.   de 0ᵐ95 de longueur.
3 Id.   de 1ᵐ20 de hauteur.
4 Plusieurs pains d'asphalte.
5 Deux bocaux contenant de la roche asphaltique pulvérisée.

69 — IMER, FRAISSINET et BAUX (119).

Compagnie générale des pétroles, pour l'éclairage et l'industrie,
Marseille, rue Fongate, 2 bis.

LISTE DES PRODUITS EXPOSÉS.

1 Huile légère d'éclairage distillée (ombrée).
2 Huile légère d'éclairage (blanche).
3 Huile pour le graissage des machines, n° 1.
4 Huile pour le graissage des machines, n° 2.
5 Essence minérale pour peintures et vernis (ombrée).
6 Goudron liquide (riche).
7 Essence minérale blanche, à 73 degrés, pour détacher.
8 Essence minérale blanche, à 75 degrés.
9 Goudron asphaltique solide.
10 Cinq panneaux peints à l'essence minérale.

11 Huit lampes à pétrole.
12 Graisse blanche.
13 Graisse noire.
14 Quatre becs de lampes à pétrole.
15 Huile brute fossile, des puits d'Amérique.

Le pétrole proprement dit est le produit liquide bitumineux et fossile que l'on rencontre sur quelques parties du globe, et qui coule naturellement de certains terrains en Amérique, en Transylvanie, dans l'Inde, le Caucase, etc., etc.

Les sources minérales de pétrole ont acquis, de nos jours, une très grande importance pour l'éclairage et l'industrie.

La Compagnie générale des pétroles, à Marseille, a, la première, fondé une mine importante, et a obtenu une médaille en vermeil au Concours de Tarascon, en 1862.

Elle extrait du pétrole :

L'essence minérale pour les jointures, le vernis et le dégraissage.

Une huile d'éclairage blanche ou jaune à volonté, donnant un très grand pouvoir éclairant.

Une huile lourde très paraffinée, pour lubrifier les machines.

Du goudron liquide, riche encore en huile propre à tous les emplois, tels que les goudrons asphaltiques.

Un brai sec asphaltique.

Avec quelques-uns de ces divers produits, la Compagnie générale compose :

Des graisses supérieures pour les waggons, voitures et engrenages.

De la paraffine pour bougies.

Tous ces produits, obtenus par des procédés brevetés, de distillation et d'épuration, appartenant à la Compagnie générale, empruntent à ces procédés mêmes une supériorité qu'elle demande à faire constater par des expériences comparatives, avec tous autres produits similaires.

(Extrait d'une note des exposants.)

70 — GUEZ-LAVIE et Cⁱᵉ, gérant de la Compagnie des mines et usines de Vagnas, Ardèche.(27).

LISTE DES PRODUITS EXPOSÉS.

§ I. — Produits pyrogenés.

1 Grand bloc de schiste bitumineux, pesant 3,000 kilogr. de la couche Champ-Crebat, épaisseur 0ᵐ90.
2 grand bloc de lignite de la couche du Rial à Vagnas, pesant 800 kil.
3 Un bocal huile brute.
4 Un bocal huile séparée.
5 Un bocal huile légère, prix, 0 fr. 65 cent. le litre.
6 Un bocal huile lourde, prix, 0 fr. 45 cent. le litre.
7 Un bocal huile paraffinée.
8 Goudron, prix, 12 fr. les 100 kilog.
9 Un bocal benzine, première qualité, prix, 2 fr. le litre.
10 Un bocal benzine, deuxième qualité, prix, 1 fr. 50 le litre.
11 Paraffine pressée brute, prix, 80 fr. les 100 kilog.

12 Paraffine blanche (blanchie par MM. Cogniet, Maréchal et Cie,
à Paris).

13 Un bocal sulfate d'ammoniaque, prix, 0 fr. 35 cent. le kilog.

§ 2. — Terres réfractaires.

Plusieurs morceaux de terre réfractaire, prix, 10 fr. la tonne sur place.

Traitement des schistes bitumineux.

Le schiste bitumineux de la couche dite de Champ-Crébat, le seul qui
soit traité à l'usine, présente à peu près la composition suivante :

Huile brute	10
Eau ammoniacale	33
Matières terreuses (silice, allumine, fer)	32
Gaz inliquéfiables	5
Carbone fixe........................	20
Total.........	100

Au sortir de la mine, il est divisé en fragments de la grosseur des pierres
servant au maccadam et introduit dans des cornues en tout conformes à
celles qui servent à la fabrication du gaz d'éclairage, mais plus petites.
La température à laquelle le schiste est soumis dans ces appareils est,
aussi, beaucoup moins élevée que dans les fours à gaz.

Chaque cornue passe 450 kilog. de schiste par 24 heures, en trois
charges, faites de 8 heures en 8 heures ; le schiste ne rend en grand que
8 p. 0/0 de son poids en huile brute; cette huile se réunit avec l'eau am-
moniacale, provenant aussi de la distillation, dans de grands réservoirs, où
on la sépare de l'eau par décantation. Quant aux schistes calcinés, ils sont
étouffés à leur sortie des cornues et contribuent, en partie, à produire la
distillation des charges subséquentes, grâce au carbone fixe qu'ils contiennent.

L'huile brute est une matière un peu visqueuse, d'un brun chocolat, contenant toutes les matières que l'usine livre au commerce.

Lorsqu'elle est suffisamment débarrassée des gouttelettes d'eau qu'elle
peut, par suite de la viscosité, retenir en suspension, elle est introduite
dans les appareils de séparation; ce sont des chaudières cylindriques d'une
capacité de 4,000 litres environ, munies d'un appareil de condensation.

La température s'élevant graduellement, les huiles, d'abord incolores et
fluides, passent au jaune et au vert; c'est par leur densité respective qu'on
les distingue : le premier groupe renferme toutes celles qui, depuis le commencement de l'opération, n'ont pas, réunies ensemble, atteint 85° au densimètre, ce sont les huiles légères; les secondes, généralement teintes en
jaune, ne doivent pas, réunies ensemble, dépasser 90° au même instrument;
enfin viennent les huiles paraffinées, d'un vert foncé, se figeant presque
immédiatement, si la température est inférieure à + 10° centigrades; les
goudrons restent dans la chaudière.

Une fournée de 4,000 litres donne à peu près les résultats suivants :

Huile légère	1,000
Huile lourde........................	1,200
Huile paraffinée.....................	900
Goudron............................	800
Pertes, eau, etc.....................	100
Total.........	4,000

L'huile légère et l'huile lourde subissent le même traitement qui est le battage à l'acide sulfurique et la neutralisation des particules d'acide restées après décantation, au moyen de la chaux et de la soude caustique. Toutefois, la proportion d'acide sulfurique est plus forte pour les huiles lourdes.

Ces huiles, après ces battages successifs, ont repris la couleur noirâtre des huiles brutes; elles sont distillées de nouveau dans des alambics de 4,000 litres de capacité, c'est ce qui constitue, avec le battage à l'acide , l'opération appelée *rectification*.

Les huiles sortent des alambics parfaitement incolores et sont mélangées en proportion convenable pour ne pas excéder 82° au densimètre, pour les huiles légères du commerce, et 88° pour les huiles lourdes.

Quant aux huiles paraffinées, lorsque la température ambiante est voisine de + 10°, on les fait figer, on les essore ensuite dans des sacs en toile à voile. La matière restée dans le sac et pressée à 10 kilogrammes par centimètre carré environ, sous une presse hydraulique, est livrée, à raison de 80 fr. les 100 kilog., à MM. Cogniet et Maréchal, à Paris. C'est la paraffine pressée brute.

Les procédés de blanchiment de ces messieurs ne me sont pas connus, mais la paraffine se blanchit très facilement en la faisant fondre au bain-marie, la traitant par l'acide sulfurique et la reprenant ensuite, au moyen du sulfure de carbone, dans un appareil à distillation circulaire où le liquide condensé se volatilise de nouveau.

Les benzines ne sont que les huiles sortant les premières de la chaudière de séparation, et recueillies lorsque la densité moyenne n'a pas atteint 78°; on les rectifie de la même manière que les huiles : la première qualité n'excède pas 77°, la seconde 79°.

Une des fabrications les plus intéressantes de notre usine, à cause du rôle qu'elle est appelée à jouer dans l'agriculture , est celle du sulfate d'ammoniaque.—On verse, à cet effet, dans les eaux ammoniacales provenant de la distillation des schistes , les goudrons chargés d'acide sulfurique, séparés par décantation après le battage. La dissolution de sulfate d'ammoniaque est rapprochée par la chaleur perdue des fours de distillation , et enfin desséchée complètement dans des capsules en fonte.

Les schistes bitumineux de Vagnas sont situés dans le terrain lacustre éocène.

(Extrait d'une note de M. A. Magnon, ingénieur des mines de la Compagnie.)

6ᵉ SECTION.

Marbres. — Pierres lithographiques. — Pierres de taille.

71 — DERVILLÉ et Cⁱᵉ, négociant en marbres, boulevart National, 109, Marseille, Bouches-du-Rhône (39).

Collection de 120 échantillons de marbres français renfermés dans 9 cadres de 1ᵐ80 sur 0ᵐ94, etc.

NOMS DES ÉCHANTILLONS DES MARBRES EXPOSÉS.

Cadre n° I.

1 Campan Isabelle, Pyrénées et Haute-Garonne,
2 Lunel fleuri, Pas-de-Calais.
3 Brèche Caroline ou Médoux, grand mélange, Pyrénées et H.-Gar.
4 Brocatelle violette, Jura.
5 Bleu tigré, Pyrénées et Haute-Garonne.
6 Sarrancolin doré, Pyrénées et Haute-Garonne.
7 Nanquin coquillé, petit mélange, Pyrénées et Haute-Garonne.
8 Sainte-Anne français, Nord.
9 Caroline rubanée, Pas-de-Calais.
10 Pruss vert, Vosges.
11 Rose clair, Pyrénées et Haute-Garonne.
12 Brocatelle jaune foncé, dite Arabie dorée, Jura.

Cadre n° II.

13 Henriette blonde, Pas-de-Calais.
14 Isabelle, Aude.
15 Vert Maurin, Hautes et Basses-Alpes.
16 Brèche Sainte-Victoire rouge. Bouches-du-Rhône.
17 Vert jaspé, Hautes et Basses-Alpes.
18 Brèche Portor, Pyrénées et Haute-Garonne.
19 Blanc statuaire de Saint-Béat, Pyrénées et Haute-Garonne.
20 Griotte œil de perdrix, Aude.
21 Lumachelle clair, Pyrénées et Haute-Garonne.
22 Vert rubané, Pyrénées et Haute-Garonne.
23 Brèche infernale, Pyrénées et Haute-Garonne.
24 Brèche Framont, Vosges.

Cadre n° III.

25 Napoléon fleuri, Pas-de Calais.
26 Brèche Sainte-Victoire, grand mélange, Bouches-du-Rhône.
27 Beyrede sanguin, Pyrénées et Haute-Garonne.
28 Campan mélangé, Pyrénées et Haute-Garonne.

29 Framont, Vosges.
30 Sarrancolin clair , Pyrénées et Haute-Garonne.
31 Rouge antique, Aude. .
32 Serpentine, Vosges.
33 Brocatelle jaune clair, Jura.
34 Gris agathisé, Aude.
35 Caroline contrepasse, Pas-de-Calais.
36 Noir veiné, Pyrénées et Haute-Garonne.

Cadre nº IV.

37 Bourbonnais, Nièvre.
38 Lumachelle racine de buis, Ardennes.
39 Noir coquillé, Nord.
40 Rose Enjugeraie, Sarthe.
41 Brèche Napoléon, Vosges.
42 Vert Moulin, Aude.
43 Brèche jaune de Sainte-Beaume, Var.
44 Grand antique petit mélange, Pyrénées et Haute-Garonne.
45 Napoléon rosé ou Notre-Dame, Pas-de-Calais.
46 Jaune de la Nièvre, Nièvre.
47 Granit rouge , Jura.
48 Aspin noir, Pyrénées et Haute-Garonne.

Cadre nº V.

49 Lunel blanc, Pas-de-Calais.
50 Sainte-Anne français (Hergies), Nord.
51 Brèche dite de Memphis, Bouches-du-Rhône.
52 Noir poité , Nord.
53 Jaune Lamartine, Jura.
54 Cervelat foncé , Aude.
55 Griotte panachée , Aude.
59 Cousolre , Nord.
57 Gris panaché, Sarthe.
58 Granit gris, Jura.
59 Incarnat turquin , Aude.
60 Rouge foncé, Nord.

Cadre nº VI.

61 Solitaire, Pyrénées et Haute-Garonne.
62 Joinville , Pas-de-Calais.
63 Sarrancolin foncé , Pyrénées et Haute-Garonne.
64 Rocq , Nord.
65 Griotte des Pyrénées, Pyrénées-et-Haute-Garonne.
66 Brocatelle rosée, Jura.
67 Griotte, Aude.
68 Brèche dite d'Alep, Bouches-du-Rhône.
69 Napoléon, Pas-de-Calais.
70 Sainte-Anne des Pyrénées, Pyrénées et Haute-Garonne.
71 Acajou rubané, Vosges.
72 Cervelat rosé vif, Aude.

Cadre nº **VII**.

73 Griotte de Sost, Pyrénées et Haute-Garonne.
74 Rouge , Nord.
75 Vert foncé, Hautes et Basses-Alpes.
76 Jaune rosé Calfer, Jura.
77 Incarnat, Aude.
78 Gris agathisé (dit de Californie), Aude.
79 Griotte Isabelle, Aude.
80 Brèche Galifet, Bouches-du-Rhône.
81 Noir du Port étroit, Sarthe.
82 Sainte-Anne hurtebise, Nord.
83 Noir à amandes, Nord.
84 Campan vert foncé, Pyrénées et Haute-Garonne.

Cadre nº **VIII**.

85 Napoléon rosé, Pas-de-Calais.
86 Aspin foncé, Pyrénées et Haute-Garonne.
87 Stinkal doré , Pas-de-Calais.
88 Sainte-Beaume, Var.
89 Brocatelle rosée, Jura.
90 Griotte fleurie , Aude.
91 Jaspe du Saint-Pilon, Var.
92 Glageon, Nord.
93 Campan vert clair, Pyrénées et Haute-Garonne.
94 Saint-Gillon, Nord.
95 Pruss brun , Vosges.
96 Portor brèche, Hautes et Basses-Alpes.

Cadre nº **IX**.

97 Stinkal , Nord.
98 Henriette brune, Nord.
99 Rouge joyeux, Côte-d'Or.
100 Brèche grise, Pyrénées et Haute-Garonne.
101 Noir boules de neige , Nord,
102 Vert de Saillac, Hautes et Basses-Alpes.
103 Sarrancolin couleur chair à flammes , Pyrénées et Haute-Garonne.
104 Jaune d'Ampus , Var.
105 Campan uni, Pyrénées et Haute-Garonne.
106 Campan hortensia mélangé, Pyrénées et Haute-Garenne.
107 Gris perlé, Pyrénées et Haute-Garonne.
109 Sarcline , Vosges.

Marbres en tranches.

110 Brèche impériale. Bouches-du-Rhône.
111 Ecarlat fleuri, Hérault.
112 Rouge écarlat, Hérault.
113 Vert Maurin, Basses-Alpes.
144 Sainte-Beaume , Var.
115 Rosé fleuri , Var.

116 Blanc ordinaire, Saint-Béat, Haute-Garonne.
117 Griotte violette, Hérault.
118 Sarrancolin, Hautes-Pyrénées.
119 Colonne incarnat vif, Hérault.
120 Buste de Sa Majesté Napoléon III , en marbre blanc statuaire de
    Saint-Béat, Haute-Garonne.

L'exposant exploite directement un grand nombre de carrières dont il
est propriétaire ou qu'il tient en location, entre autres, les carrières de
marbre blanc statuaire de Saint-Béat . Haute-Garonne; — celles de marbre sarrancolin , Hautes-Pyrénées; celles du marbre rouge écarlate, écarlate fleuri, griotte-violette et incarnat vif de Félines d'Hautpoul, Hérault;
— les carrières de marbre vert-Maurin des Basses-Alpes , — celles du
marbre Sainte-Beaume et du marbre Rose-Fleuri, Var. — Celles du marbre brèche impériale des Bouches-du-Rhône. —celles des marbres noirs à
boules de neige, à amandes Poité. Antique et Sainte-Anne d'Hergies,
Nord.

M. Dervillé occupe dans ses carrières , dans ses scieries ou ses ateliers
plus de 800 ouvriers.

72 — RAMBAUD Jacques et Cᵉ. Sculpteurs et marbriers à Al-
       ger (98).

LISTE DES ÉCHANTILLONS DE MARBRES EXPOSÉS.

1 Trois tranches de marbre blanc de la vallée de l'Oued-el-Anel, environs de Bône, province de Constantine, Algérie.
2 Un morceau carré du même marbre et de la même localité.
3 Une tranche de marbre de couleur, environs d'Alger.

La première carrière est très considérable et d'une exploitation assez
facile; elle est située à 33 kilomètres du port de Bône.

73 — DEPLAYE , JULLIEN et Cⁱᵉ, demeurant à Avèze, Gard , pro-
       priétaires des carrières de calcaire lithographique, situées
       aux environs du Vigan (34).

LISTE DES OBJETS EXPOSÉS.

1 Pierre lithographique de 2ᵐ35 de longueur sur 1ᵐ35 de largeur.
2 Un dessin lithographique, fait sur une pierre de même dimension,
   représentant le portrait en pied de la reine d'Angleterre.

Cette pierre lithographique, d'une dimension vraiment extraordinaire, a
été extraite des carrières situées au quartier du Puget, sur le causse de
Montdardier, près le Vigan. Ces calcaires font partie de l'étage oxfordien
qui constitue tous les causses environnants. Les ateliers de polissage des
exposants sont établis à Avèze, sur le ruisseau de Gleppe, dans la propriété de M. Guy, l'un des associés et le premier fondateur de cette industrie.

74 — PEYTAVIN Auguste-Joseph, menuisier à Mende, Lozère, propriétaire d'une carrière de pierres lithographiques (38).

1 Pierre lithographique de 0ᵐ50 en carré sur une épaisseur de 0ᵐ7. Cet échantillon provient d'une carrière non exploitée : prix de la pierre exposée, 30 francs. Cette carrière est située dans l'étage oxfordien.

75 — ROUVIÈRE-CABANE, habitant à Nimes, propriétaire des anciennes carrières du marquis de Clauzonnette, à Beaucaire, Gard (90).

LISTE DES ÉCHANTILLONS EXPOSÉS.

1º Neuf échantillons de pierre de taille d'un décimètre cube, provenant de différentes couches, superposées, en partant d'en haut, dans l'ordre suivant :

	Épaisseur des couches.
1 Pierre de dessus ou découverte	0,50
2 Pierre claire-forte	4,40
3 Pierre claire-fine	1,50
4 Pierre claire-fine blanche	4,00
5 Pierre roussette de dessus	2,80
6 Pierre roussette dite pourrie	2,60
7 Pierre grisette pourrie	0,30
8 Pierre blanche ordinaire	5,80
9 Pierre roussette du fond	3,00
10 Pierre grisette du fond	2,00
	26,90

1 Pierre utilisée seulement pour moellons.
2 Pierre très dure, s'emploie pour la base des monuments.
3 Pierre moins dure que le numéro précédent, mais très résistante.
4 Pierre très belle, blanche, solide, supportant une assez grande pression et tenant bien l'arête.
5 Pierre d'un grain très fin employée pour les moulures.
6) Ces deux qualités de pierre ne peuvent être employées que pour
7)   de petits travaux intérieurs.
8 Pierre très blanche portant moulures, supportant une faible pression.
9 Pierre d'une très belle qualité, portant moulures, durcit dans l'eau, supporte une grande pression.
10 Pierre d'une belle qualité, portant moulures, supportant une grande pression. On doit l'employer pour les étages supérieurs ; elle craint l'humidité et le salpêtre, quand elle est extraite et employée en hiver.

2º Un bloc de claire-forte, hauteur   4ᵐ00
      cubant 1ᵐ32 ;   largeur   0ᵐ65
                    épaisseur 0ᵐ50

3º Un bloc de claire-forte ,   hauteur   3ᵐ00
   cubant 1ᵐ50 ;   largeur   1ᵐ00
                       épaisseur 0ᵐ50

4º Un bloc roussette ,   hauteur   2ᵐ00
   cubant 1ᵐ00 ;   largeur   1ᵐ00
                       épaisseur 0ᵐ50

5º Un bloc blanche-tendre ,   hauteur   2ᵐ00
   cubant 0ᵐ70 ;   largeur   0ᵐ70
                       épaisseur 0ᵐ50

Ces carrières se trouvent au versant sud du chemin de fer et à 100 mètres de la voie ferrée de Nimes à Beaucaire. Leur surface est de 4 hectares et demi. Elles ont appartenu au marquis de Clauzonnette , et plus tard à Madame de Rochambeaud née de Clausonnette , de qui M. Rouvière-Cabane les a acquises, depuis 8 ans. — Avant que ce dernier en fût propriétaire, les anciens possesseurs louaient ces carrières à divers carriers de la localité, moyennant une redevance de 24 francs par an et par homme.

Jusqu'à présent, l'extraction annuelle n'a été, en moyenne, que de 3,000 mètres cubes ; mais , dans l'état actuel, on pourrait y occuper 150 ouvriers et y extraire de 15,000 à 20,000 mètres cubes de pierre par année.

La pierre se vend , prise sur place , de 12 à 16 francs le mètre cube , suivant la qualité ou la forme des blocs ; le transport en gare ou au quai, rendu à Beaucaire , coûte de 3 à 6 francs le mètre cube ; l'ouvrier gagne de 3 francs 50 c. à 8 francs par jour (à prix fait).

(Extrait d'une note de l'Exposant.)

La pierre des carrières de Beaucaire ou mollasse coquillère appartient à l'étage moyen tertiaire.

76 — POMMIER , François, maître carrier, demeurant à Castillon-du-Gard , canton de Remoulins, Gard (36).

Grand bloc de pierre de taille des carrières de Castillon-du-Gard de 3ᵐ50 longueur , 1ᵐ00 largeur , sur 1 mètre épaisseur, cubant 5ᵐ60. Le prix de ce bloc est de 110 francs rendu à l'exposition.

Bien que ce calcaire ait le grain assez grossier, il est cependant très résistant et supporte sans altération l'humidité et la gelée ; aussi l'emploie-t-on généralement dans la construction des ponts, des quais , etc.

La pierre de Castillon-du-Gard, comme celle de Beaucaire et celle dite du Pont du Gard, appartient à la formation de la molasse coquillière (étage moyen tertiaire).

77 — AMBROY , Timoléon, propriétaire d'une carrière de pierre de taille à Fontvieille , Bouches-du-Rhône (85).

Un échantillon de 0ᵐ20 cube.

La pierre des carrières de Fontvieille, connue vulgairement sous le nom de pierre d'Arles , est d'un blanc jaunâtre, d'un grain fin et serré :

tendre au sortir de la carrière, elle durcit ensuite rapidement à l'air. La ville de Marseille en fait une grande consommation.

Ce calcaire fait également partie de la formation de la molasse coquillière.

78 — BRUN, Isidore, propriétaire des carrières de pierre de taille dites de Lens, commune de Fons, Gard (35).

Un bloc de calcaire de 1ᵐ de longueur, 0ᵐ97 largeur, 1ᵐ15 épaisseur, sur un des cotés duquel on a poussé des moulures.

Ce calcaire, ainsi que celui qu'on exploite prés delà, dans les bois de Lens, est une des plus belles pierres de taille connues. Il est d'un beau blanc, à grains très fins, et tient admirablement l'arête.

Le calcaire de Lens a été employé par les Romains pour la construction de la Maison-Carrée et comme marbre statuaire.

Il constitue la partie la plus supérieure du terrain néocomien, désigné par M. d'Orbigny sous le nom d'*Etage Urgonien.*

79 — NOUGALLIAT, huissier à Vauvert, Gard (102).

Une grande dalle provenant d'une des carrières de Lascans, commune de Pompignan (Gard).

Cette dalle offre les dimensions suivantes ; longueur 4ᵐ30, largeur 1ᵐ15, épaisseur 0ᵐ15, pesant environ 1,900 kilogrammes.

Cette pierre est d'un gris blanchâtre; elle peut recevoir un beau poli, et n'offre dans son intérieur ni veines ni grains.

On peut aussi en extraire des bancs de diverses épaisseurs, ce qui permet de l'employer à des usages très variés.

Les calcaires de Lascans appartiennent à la partie la plus inférieure de la formation néocomienne qui a reçu, dans ces derniers temps, le nom d'étage valangien.

80 — RIBEAUD, Jules, rue Paradis, n° 39, Marseille, propriétaire des carrières de Brando, près Bastia, Corse (120).

CARREAUX POUR DALLAGE.

1 Une pierre pour dallage de 50 cent. carrés à la boucharde douze, au prix de...... 9 fr. le mètre carré.
2 Une pierre pour dallage de 40 cent. à la boucharde douze, à.................... 9 —
3 Une pierre pour dallage de 35 cent, à la boucharde douze, à.................. 9 —
4 Une pierre pour dallage de 50 cent. à la boucharde cinq, à.................... 7 —
5 Une pierre pour dallage de 40 cent. à la boucharde cinq, à.................... 7 —
6 Une pierre pour dallage de 35 cent. à la boucharde cinq, à.................... 7 —
7 Une pierre grise grésée de 50 cent...... 12 —
8 Une pierre grise grésée de 40 cent....... 12 —

9 Une pierre grise grésée de 35 cent. à... 12 fr. le mètre carré.
10 Une pierre blanche grésée de 50 cent. à.. 11   —
11 Une pierre blanche grésée de 40 cent. à. 11   —
12 Une pierre blanche grésée de 35 cent. à. 11   —

Brutes ou simplement bouchardées, ces dalles peuvent être employées surtout pour le pavage des trottoirs.

Elles rivalisent avantageusement avec la brique et l'asphalte, bien que le prix soit à peu près le même, et elles laissent loin derrière elles, comme usage, les carreaux de terre cuite, ciment et autres compositions.

(Note de l'Exposant.)

7e SECTION.

Chaux. — Ciments. — Gypse.

81 — DOMERGUES, Jacques, chaufournier, demeurant à Nimes, rue Levieux, 14 (54).

Une mesure de chaux de 20 kilog.

82 — BARBUSSE-MANSET, chaufournier à Nimes, Gard (42).

LISTE DES OBJETS EXPOSÉS.

1 Un bocal contenant de la chaux hydraulique.
2   Id.   de la chaux hydraulique en poudre.
3 Calcaire de Roquemaillière employé pour la fabrication de la chaux.

La carrière de l'exposant est située sur le chemin d'Alais; elle est ouverte dans le terrain néocomien moyen, comme toutes les autres carrières des environs de Nimes, exploités pour la fabrication des chaux maigres ou hydrauliques.

83 — CHAPEL, Jules, chaufournier à Vergèze, Gard (107 bis).

LISTE DES ÉCHANTILLONS EXPOSÉS.

1 Echantillon de calcaire servant à faire de la chaux grasse, de la commune de Vergèze.
2 Echantillon de calcaire servant à faire de la chaux maigre, de la commune de Vergèze.
3 Un bocal contenant de la chaux grasse.
4 Un bocal contenant de la chaux maigre.

Ce calcaire appartient à l'étage néocomien moyen, et donne une chaux hydraulique très estimée.

84 — FESQUET, chaufournier à Alais, Gard (93).

Un bloc de calcaire de la montagne de Saint-Julien-des-Causses, près Alais, servant à la fabrication de la chaux.

Ce calcaire donne de la chaux grasse et fait partie de l'étage oxfordien.

85 — THOMAS, André, propriétaire et chaufournier au quartier de Chaudebois, près Alais, Gard (100).

LISTE DES OBJETS EXPOSÉS.

1 Un bloc de calcaire servant à la fabrication de la chaux hydraulique et du ciment.
2 Calcaire ci-dessus, cuit, réduit à l'état de chaux.
3 Barrique de ciment en poudre.
4 Moulage au ciment de plusieurs bas-reliefs.

Le calcaire employé par l'exposant pour la fabrication du ciment appartient au terrain triasique.

86 — DÉSIRÉ, MICHEL et Cⁱᵉ, à Marseille, rue Traverse du Chapitre, nᵒ 1 (43).
Ciment romain dit de la Méditerranée (ancien ciment de la Valentine).

LISTE DES OBJETS EXPOSÉS.

1 Calcaire à ciment brut.
2 Calcaire à ciment, après la cuisson.
3 Ciment en poudre.
4 Echantillons divers de ciment avec sable et briques.
5 Mortier de ciment inaltérable à la mer, expériences du service maritimes des ponts et chaussées de Marseille, année 1855.
6 Vase en mortier de ciment (bronzé).
7 Petit enfant à la grenouille pour jet d'eau (bronzé).
8 Clé de fenêtre ornementée avec sujet, peinture, marbre, statuaire.
9 Console en mortier de ciment, peinture et dorure sur ciment.
10 Balustrade ornée à jour, peinture et dorure en ciment.
11 Chapiteau en mortier de ciment ornementé, couleur naturelle.
12 Chapiteau de grande dimension, faisant partie de la décoration de la façade de la Mission de France, à Marseille.
13 Baril de ciment, tel qu'il est livré au commerce, estampille, marque de fabrique.
14 Album et Notice sur le ciment de la Méditerranée.

Photographie représentant divers travaux exécutés par la Compagnie du ciment de la Méditerranée.

15 Passerelle de la gare de Milan (Italie), composée de trois arches, dont une de 25ᵐ, deux de 20ᵐ, avec une flèche commune de 1ᵐ70 et une épaisseur de 0ᵐ34 à la clé. Poids d'épreuve, 300 kil. par mètre carré.
16 Pont du Tessin, à Pavie (Italie), composé de 5 arches de 37ᵐ d'ouverture ; ce pont, d'une longueur totale de 225ᵐ, d'une largeur, entre les parapets, de 9ᵐ30, est un des ouvrages les plus importants faits en ciment jusqu'à ce jour.

17 Pont du Tessin, à Pavie (Italie), détail d'une arche.

18 Pont du jardin zoologique, à Marseille, ouverture, 14ᵐ, avec une flèche de 1ᵐ40, formé de trois rangs de briques posées à plat ; l'épaisseur à la clé est de 0ᵐ10 : il a suporté un poids d'épreuve de 1,200 kil. par mètre carré, sans qu'il se soit produit le moindre fendillement.

Ce ciment provient des calcaires intercalés dans les couches de lignite du bassin du département des Bouches-du-Rhône.

On exploite en galerie deux couches d'une épaisseur totale de 3ᵐ10.

L'usine à ciment est située commune de Peypin, à 200ᵐ d'une des gares du chemin de fer projeté pour les mines à charbon. Elle est distante de Marseille, par chemin ordinaire, de 24 kilomètres; par la future voie ferrée, de 32 kilomètres.

Cette usine est composée de 10 fours à calcination, 3 machines à vapeur de la force totale de 65 chevaux, pour l'extraction de la pierre, la trituration et le bluttage, 6 moulins à triturer le ciment, et de plusieurs bâtiments nécessaires pour l'emmagasinage des ciments, pour leur hydratation et pour la tonnellerie.

Cette usine a été créée en 1855 pour la production d'un ciment de premier choix, nécessaire aux travaux importants faits par les exploitations des mines de lignites, pour retenir les eaux souterraines.

Elle a fait des livraisons aux grands travaux publics des ports de Marseille, aux ponts et chaussées, aux administrations des chemins de fer de Lyon à la Méditerranée, à la Compagnie des chemins de fer Lombards et de l'Italie centrale, à la Compagnie des chemins de fer de Madrid à Saragosse et à Alicante, au génie militaire, tant en France qu'en Algérie; enfin, aux diverses administrations municipales de Marseille, Toulon, Aix, Nice, Cette, etc.

La production a été :

En 1855, —   424 tonnes de ciment.
— 1856, —   1,735   —
— 1857, —   2,840   —
— 1858, —   2,882   —
— 1859, —   3,188   —
— 1860, —   3,741   —
— 1861, —   8,184   —
— 1862, — 10,325   —

La marche de l'usine et ses ventes, en 1863, porteront sa production à 12,000 tonnes.

Le prix de ce ciment, vendu à Marseille, est de 5 fr. les 100 kilog.

L'usine est installée pour pouvoir suffire à toutes les demandes, quelque importantes quelles soient.

La Compagnie ne se borne pas à vendre du ciment, elle se charge de tous les travaux, même les plus considérables. Son personnel est organisé tant pour la France que pour l'étranger.

Le ciment de la Méditerranée a obtenu, dès son début, une mention honorable à l'Exposition universelle de Paris, en 1855.

A l'Exposition de Marseille, en 1861, la Compagnie a obtenu la médaille d'or.

En 1862, à l'Exposition nationale de Londres, elle a obtenu la médaille d'honneur.

Signé : DÉSIRÉ MICHEL.

87 — COMPAGNIE CIVILE DU CIMENT DE SAINT-BRÉS A SAINT-AMBROIX, Gard (124).

M. C. Ardouin, gé·ant, boulevart du Petit-Cours, 20, à Nimes.

LISTE DES OBJETS EXPOSÉS.

Ciment en poudre.

1 Ciment rapide, dont la prise a lieu en 3 minutes.
2   —   moyen   —   15 minutes.
3   —   lent   —   30 à 50 minutes.

Le prix de toutes les qualités de ciment est de 5 francs par 100 kilog., rendu en gare à Nimes, sans emballage.

Matière première.

4 Calcaire à ciment existant en plusieurs couches, situées à 2 kilomètres nord de Saint-Brés, Gard. La couche exploitée a une épaisseur continue de 1^{m}50 sur une étendue inconnue.
5 Ciment prompt prêt à être trituré.
6   —   lent   —

Application du ciment.

7 Statue moulée par Thomas, figuriste.
8 Deux vases,   —
9 Bas-relief, Vierge de Florence.
10 Console Louis XV.
11   —   fouillée.
12   —   dessin suivi.
13 Crète (dessin de M. Révoil), moulée par Pocheville et Cordet.
14 Console Louis XIV.
15 Ornement XIIIe siècle.
16 Deux anges.
17 Chapiteau XIIIe siècle.
18 Echantillons mélangés de moitié de sable.
19 Divers échantillons de ciment durci et de modèles de cuves.

L'analyse chimique du ciment de Saint-Brés, d'après les exposants, serait la suivante :

Chaux	56 30
Fer et magnésie	9 20
Eau ou acide carbonique	„ 42
Silice ou alumine (argile)	34 08
Total	100 00

C'est dans l'étage oxfordien que se trouve située la couche exploitée pour cette fabrication.

88 — FABRE aîné, au Barroux, Vaucluse, fabricant de plâtre (122).

LISTE DES ÉCHANTILLONS EXPOSÉS.

1 Plâtre blanc trituré, première qualité.
2 Plâtre blanc trituré, deuxième qualité.
3 Plâtre gris trituré.
4 Blocs de gypse ou pierre à plâtre, extraits des carrières du Barroux.
5 Deux petits pains coniques de savon dit imperméable, servant à donner le brillant aux stucs et enduits en plâtre.
6 Deux petits pains coniques en cire pour donner le brillant aux carrelages et parquets.

Le gisement du gypse du Barroux est situé dans le terrain tertiaire ; il doit sa supériorité, comme tous ceux du département de Vaucluse, à la petite dose de carbonate de chaux qu'il contient.

89 — PAUL, François, dit BOUVIER, fabricant de plâtre, à Goufaron, Var (40).

LISTE DES ÉCHANTILLONS EXPOSÉS.

1 Echantillon de gypse ou pierre à plâtre gris.
2 La même pierre cuite.
3 Echantillon de gypse argileux ne donnant à la cuisson que du plâtre de mauvaise qualité.

Prix du plâtre sur les lieux, 12 centimes le double décalitre.

90 — BROUILLET, Anaïs, propriétaire des carrières de gypse de Saint-Bonnet, arrondissement du Vigan, Gard (41).

LISTE DES ÉCHANTILLONS EXPOSÉS.

1 Un bloc de gypse blanc, des carrières de Saint-Bonnet.
2 Un sac de plâtre blanc en poudre.

Le prix du plâtre blanc écrasé et blutté, aux carrières de Saint-Bonnet, est de 3 francs les 100 kilog.

Ce plâtre est remarquable par sa blancheur et sa souplesse. Il est très recherché par les décorateurs, et très employé par les propriétaires des pays de vignobles pour la préparation des vins.

Les carrières de gypse de Saint-Bonnet sont situées dans le terrain triasique qui repose, dans cette localité, sur le granit porphyroïde éruptif.

8ᵐᵉ SECTION.

Argiles. — Ocres. — Matières colorantes. — Sable de moulage. — Briques réfractaires. — Creusets. — Poteries, etc.

91 — RAFIN frères, propriétaires des minières d'argiles réfractaires de Cornillon, arrondissement d'Uzès, Gard (50).

ÉCHANTILLON EXPOSÉ.

Un échantillon d'argile blanche dite de Cornillon.

D'après une note de l'exposant, la première qualité de cette argile est expédiée à Marseille, à Nimes et à Montpellier, où elle serait employée à la fabrication de la crème de tartre. Aux environs de Lyon et de Toulouse, on l'emploierait à la fabrication de la poterie fine. L'exposant en livrerait au commerce environ 3 ou 400,000 kilog. par an, de toutes qualités.

Le gisement de cette argile est très intéressant : il se trouve dans un étage particulier de la formation des grès verts, situé au-dessous de l'étage des calcaires à hippurites. Cette argile, d'une pâte excessivement fine et du blanc le plus pur, paraît être un véritable kaolin et semble provenir d'un lavage de roches feldspathiques, opéré pendant la période des dépôts du terrain crétacé.

92 — BERGER cadet et fils, propriétaires des mines d'argile réfrac-taires et fabricants de briques à Bollène, Vaucluse (91).

LISTE DES ÉCHANTILLONS EXPOSÉS.

1 Argile grise réfractaire, servant à la fabrication des briques, des creusets de verrerie, etc.
2 Argile rose réfractaire, servant aux mêmes usages que la précé-dente.
3 Argile grise brûlée. — Mélangée avec le nᵒ 1, elle sert à la fabri-cation des briques et des creusets.
4 Argile rose brûlée, servant au même usage que le nᵒ 3.
5 Neuf briques réfractaires pour hauts-fourneaux.
6 Cinq briques réfractaires pour forges et acieries.
7 Trente briques réfractaires pour usine à gaz, fabrique de produits chimiques, four à chaux, four à coke, fourneaux de chaudière, etc., etc.

Une usine pour la fabrication des briques réfractaires a été créée par les ex-posants, en 1849, à une petite distance des mines d'argile de Bollène. — Elle est mise en mouvement par une machine à vapeur ; quarante ouvriers sont occupés dans cette usine, et soixante-cinq pour l'extraction de l'argile.

Ces produits sont très recherchés dans les fonderies métallurgiques et pour la construction des fours à coke.

93 — JUSTIN, André, fabricant de creusets à Beaucaire, Gard (131).

LISTE DES OBJETS EXPOSÉS.

1 Deux creusets — hauteur, 0ᵐ38; largeur, 0ᵐ18; poids, 4 kilog.: prix, 1 fr. 25.
2 Deux creusets — hauteur, 0ᵐ30; largeur, 0ᵐ15; poids, 2 kilog.: prix, 60 centimes.
3 Deux creusets — hauteur, 0ᵐ24; largeur, 0ᵐ12; poids, 1 kilog.: prix, 35 centimes.

Ces creusets, d'après une note de l'exposant, ne craignent pas le refroidissement causé par les variations brusques de température. Ils sont surtout employés à Nimes par la Compagnie du chemin de fer, pour la fonte du cuivre et du bronze. Le n° 1 peut faire jusqu'à 4 fontes de 50 kilog. en 8 heures.

Ils sont probablement fabriqués avec les argiles réfractaires qui forment des gisements si remarquables dans la formation des grès verts des départements du Gard et de Vaucluse.

94 — LAFORCE, fabricant de briques réfractaires à Bollène, Vaucluse (49).

LISTE DES OBJETS EXPOSÉS.

1 Echantillon d'argile réfractaire.
2 Un grand nombre de briques réfractaires, pour hauts-fourneaux, et de diverses formes.
3 Cinquante tuyaux en terre cuite pour conduite d'eau et de gaz, cylindriques et à manchons.

Les briques réfractaires de Bollène sont très estimées dans l'industrie métallurgique.

Les tuyaux de terre cuite servent avec avantage et économie pour les conduites d'eau et de gaz; ils sont inaltérables et résistent à de très fortes pressions.

Cette résistance a été déterminée de la manière suivante, dans une série d'expériences faites à l'usine de Bollène, par M. Laur, ingénieur des mines..

(*Suit le tableau.*)

Tableau nº 1. — Résistance à la pression intérieure.

Nᵒˢ d'ordre.	DIAMÈTRE des tuyaux.	ÉPAISSEUR des tuyaux.	PRESSION intérieure à l'instant de la rupture.	RÉSISTANCE par centimètre carré.	OBSERVATIONS.
	centimètres.	centimètres.	atmosphères.	kilogrammes	
1	21 50	2 5	10 »	38 74	3 tubes de 5 centi‑mètres de diamètre intérieur et d'une é‑paisseur de 2 centi‑mètres n'ont pu être rompus.
2	15 »	2 5	8 59	25 24	
3	15 »	2 5	7 50	20 14	
4	15 »	2 5	5 »	11 36	
5	15 »	2 5	5 »	11 36	
6	12 »	2 5	15 »	33 67	
7	12 »	2 5	12 50	27 54	La pression s'est élevée, dans les trois cas, à 22 atmosphè‑res, point auquel le tube en plomb de la pompe s'est toujours rompu.
8	12 »	2 5	10 »	21 33	
9	12 »	2 5	14 »	31 19	
10	10 »	2 0	18 »	42 87	
11	10 »	2 0	12 »	27 37	
12	10 «	2 0	17 5	41 59	
13	10 »	2 0	15 »	33 12	
14	8 »	1 5	14 »	54 17	
15	8 »	1 5	16 50	41 66	
16	8 »	I 5	12 »	29 33	
17	8 »	1 5	5 »	10 00	
18	8 »	1 5	14 «	34 77	
19	8 »	1 5	20 »	51 30	
20	8 »	1 5	15 »	32 01	
21	8 »	1 5	12 »	29 33	
22	8 »	1 5	17 »	45 03	
23	6 »	1 5	14 »	29 92	
24	6 »	1 5	15 5	24 79	
25	6 »	1 5	21 »	40 27	
26	6 »	1 5	12 »	21 69	
27	6 »	1 5	15 »	27 89	

Tableau nº 2. — Résistance à l'écrasement. Tubes chargés sur leur arête.

Nᵒˢ d'ordre	DIAMÈTRE intérieur.	ÉPAISSEUR.	POIDS au bout du levier.	PRESSION de rupture.	OBSERVATIONS.
	millimètres.	millimètres.			
1	32	10	37 »	721 k.	La longueur de l'arête supportant la pression était, pour les 3 cylindres, de 73 centimètres. Les cylindres se sont brusquement rom‑pus, suivant la section prin‑cipale de l'arête du premier.
2	32	10	24 75	507 40	
3	32	10	30 50	625 50	

Tableau n° 3. — Résistance à l'écrasement. Tubes posés sur les deux bouts et chargés à leur milieu.

Nos d'ordre.	Diamètre intérieur.	ÉPAISSEUR.	Distance des points d'appui.	POIDS au bout du levier.	PRESSION de rupture.	OBSERVATIONS.
	millim.	millim.	millim.			Les tubes se sont tous brusquement rompus suivant une section un peu inclinée sur l'axe.
1	52	10	100	18 50	445 50	
2	52	10	100	15 75	402 25	
3	52	10	100	22 »	496 »	

Dressé et certifié par l'Ingénieur des Mines soussigné.

Avignon , le 3 septembre 1855.

L'Ingénieur des Mines ,

P. LAUR.

95 — COMTE d'ANDRÉ de SAINT-VICTOR, Egide, à Saint-Victor-des-Oules, arrondissement d'Uzès, Gard (66).

LISTE DES OBJETS EXPOSÉS.

1 Echantillons d'argiles réfractaires désignées sous les noms suivants: *Pègue-Noire, Blanche, Rosée, Vineuse. Bleu, Ocre jaune, Terre de pipe, Blanc maigre et Blanc gras* de Saint-Victor.
2 Deux briques dites dame de haut-fourneau , de 1ᵐ50 longueur, 1ᵐ largeur, 0ᵐ15 épaisseur.
3 Huit briques de longueur, largeur et épaisseur diverses pour creuset ou cuve de hauts-fourneaux.
4 Cinquante briques de forme et de composition diverses, pour forges, cubilots, chaudières diverses, fours à plomb et à aluminium.
5 Creusets de diverses dimensions pour la fonte des métaux.

Ces produits ont été fabriqués dans l'usine de l'exposant située à Saint-Victor-des-Oules, dans le voisinage de l'extraction des argiles.

Les argiles se vendent, sur place, de 6 fr. à 15 fr. la tonne ; les briques, de 25 fr. à 45 fr., la tonne.

96 — SAUSSINE , Louis et Cⁱᵉ, à Saint-Médiers, commune de Montaren, arrondissement d'Uzès, Gard (44).

LISTE DES OBJETS EXPOSÉS.

1 Treize creuzets.
2 Dix-huit briques.
3 Plusieurs échantillons d'argile réfractaire de diverses nuances et qualités.

L'exposant vient de construire une usine pour la fabrication des briques réfractaires , qui a commencé à fonctionner au mois de février 1863.

Le gisement géologique de ces argiles réfractaires est le même que celui que nous avons indiqué ci-dessus.

97 — DELPUECH , Jean-Louis , propriétaire de l'usine à briques réfractaires de Chantilly, près Alais, Gard (45).

LISTE DES OBJETS EXPOSÉS.

1 Dix briques réfractaires de forme spéciale pour soles de voûtes de fours à coke.
2 Briques réfractaires pour soles de hauts-fourneaux.

Les argiles qui servent à la confection de ces produits, proviennent des gisements des environs de la ville d'Uzès dont il a déjà été question ci-dessus.

98 — DEGERMANN aîné, à Tassenières , Jura (87].

Une caisse renfermant des terres réfractaires.

On fabrique avec ces terres des briques , qui servent pour la construction de hauts-fournaux, cubilots, etc.

99 — BIELLE , Pierre , à Marseille, rue des Princes , nᵒ 70 , Bouches-du-Rhône (46).

LISTE DES OBJETS EXPOSÉS.

1 Briques poreuses de dimensions diverses.
2 Tuiles poreuses.

Ces briques, très légères, offrent, d'après l'exposant, une grande solidité et une économie de 25 à 30 p. 0/0 dans le prix de revient, et de 10 à 12 p. 0/0 dans l'emploi. Des clous y sont aussi solidement fixés que dans du bois. Ces tuiles peuvent être clouées comme des ardoises, sans emploi de mortier.

100 — NIEL ET GLIZE de Roquevaire , Bouches-du-Rhône , fabricants de minium sur-oxydé (133).

LISTE DES OBJETS EXPOSÉS.

Trois bocaux renfermant des oxydes de plomb.

A l'aide d'un procédé dont ils sont les inventeurs , les exposants sont parvenus à oxyder complètement le minium qui, dès lors , acquiert une finesse remarquable. Par suite de cet état d'extrême division, le poids spécifique de l'oxyde , diminue et le minium couvre une plus grande surface, présentant ainsi une économie au moins du'n dixième.

101 — BASCOU , Joseph , à Saint-Martin-de-Valgalgues , Gard , exploitant les carrières de sable de Brouzet et de Grabieux , près d'Alais, Gard (71).

LISTE DES ÉCHANTILLONS EXPOSÉS.

1 Un bloc de grès sableux jaunâtre.
2 Trois petits sacs pleins de sable.

Ces divers échantillons de sable servent au moulage des objets de fonte. L'exposant fournit les fonderies de fer de Bességes et d'Alais.

102 — LÉGIER , négociant à Saint-Quentin , arrondissement d'Uzès Gard (102).

LISTE DES OBJETS EXPOSÉS.

1 Un pot à feu.
2 Une casserole.

Les poteries de Saint-Quentin sont fabriquées avec des argiles réfractaires auxquelles on mêle du sable très fin siliceux. Elles ne donnent jamais un mauvais goût aux aliments et supportent un feu très ardent sans se détériorer.

103 — PICHON , François, potier à Uzès, Gard (183).

LISTE DES OBJETS EXPOSÉS.

Poteries fines en terre réfractaire.

1 Service de table complet.
2 Cafetières de diverses grandeurs.
3 Corbeilles; etc.

Ces poteries sont faites avec un mélange de terre réfractaire de diverses couleurs, extraites dans les communes de Saint-Quentin et de Saint-Victor-des-Oules, près d'Uzès.

104 — THOMAS, Guillaume, à Apt, Vaucluse (134).

LISTE DES OBJETS EXPOSÉS.

1 Ocre jaune de Gargas, Vaucluse.
2 Ocre rouge de Gargas.

Ces ocres naturels sont extraits au moyen de galeries , et sont ensuite lavés et décantés sur place dans de grands bassins.

105 — ARDOUIN ET MAURY à Saint-Ambroix, Gard, fabricants d'ocres de diverses natures (135) (*a*).

LISTE DES ÉCHANTILLONS EXPOSÉS.

1 Minerai d'ocre naturel.
2 Ocre jaune lavé en pierre.

	J O	Jaune ordinaire en poudre.	
3	J O L	—	lavé.
	J O L S	—	lavé surfin.
	J E	—	extra en poudre.
4	J E L	—	lavé.
	J E L S	—	lavé surfin.
	R O	Rouge ordinaire en poudre.	
5	R O L	—	lavé.
	R O L S	—	lavé surfin.
	R E	—	extra en poudre.
6	R E L	—	lavé.
	R E L S	—	lavé surfin.

Les différentes couches fournissant ces ocres se trouvent toutes dans les environs sud-ouest de Saint-Ambroix.

106 — ESPEILHAC, de Toulouse, demeurant à Agde, Hérault (136).

ÉCHANTILLON EXPOSÉ.

Minium de fer dans une boîte.

Ce minium, connu dans le commerce sous la dénomination *Minium de fer Espeilhac*, est employé pour joints de machines à vapeur, ainsi que pour peinture sur bois et sur fer. Il tient parfaitement dans l'eau. Son emploi, comme mastic, comparé au minium de plomb dont il a toutes les qualités adhérentes, constitue une économie de 50 p. 0/0 au moins, tant sur le prix que sur le poids.

Poids du décimètre cube minium de plomb,   3 kil. 150 gr.
Poids du décimètre cube minium de fer   1   500

Diverses administrations en font usage, telles que le chemin de fer du Midi, le canal du Midi, les Ponts et Chaussées, diverses usines à gaz, etc.
Le minium de fer provient de la propriété de l'exposant, située à 4 kilomètres nord de Villefranche, Aveyron.

(*Extrait d'une note de l'Exposant.*)

107 — ALLIER, propriétaire d'une carrière de magnésite à Salinelles, Gard (76).

Un bloc de magnésite schistoïde provenant de la propriété de l'exposant. La magnésite ou magnésie carbonatée silicifère schistoïde, vulgaire-

---

(*a*) L'exposant a demandé à figurer dans la section de minéralogie, voir n° 344 du catalogue de l'Industrie.

ment connue dans le commerce sous le nom de *Pierre de Salinelles*, est employée, depuis longtemps, comme pierre à détacher. Elle ne doit la propriété dont elle jouit qu'à la faculté qu'elle possède d'absorber très rapidement les corps gras que l'on met en contact avec elle.

Cette substance, d'un gris légèrement violet, forme trois ou quatre couches lenticulaires alternant avec des bancs calcaires, marneux, blanchâtres, fesant partie de la formation lacustre éocène.

108 — LAVALETTE , Chef de bureau à la Préfecture, Nimes , Gard (102).

LISTE DES OBJETS EXPOSÉS.

1 Un bloc de magnésite schistoïde, trouvé à Salinelles dans la propriété de l'exposant.
2 Une boîte contenant la même substance réduite en poudre — Même gisement que le magnésite ci-dessus.

9ᶜ SECTION.

Eaux minérales et thermales.

109 — DE MASSIA Edouard, docteur médecin aux sources sulfureuses de Molitg-les-Bains, Pyrénées-Orientales (68).

LISTE DES OBJETS EXPOSÉS.

1 Un flacon d'eau minérale sulfurée thermale de Molitg.

On distingue à Molitg deux établissements thermaux ; l'un connu sous le nom de *Llupia*, l'autre sous celui de *Massia*. Ce dernier se compose de 8 baignoires en marbre blanc et d'une douche. Ces établissements sont desservis par un grand nombre de sources différentes dont les températures varient de 21° à 37°, 9. Le degré de sulfuration de la source des baignoires (Etablissement Massia) est de 0 gram. 0155 sulfure de sodium par litre.

Analyse de ces eaux, d'après M. Anglada :

Carbonate de soude	0,0715
— de potasse	0,0110
— de chaux	0,0023
— de magnésie	0,0002
Sulfure de sodium	0,0436
Sulfate de soude	0,0111
— de chaux	0,0013
Chlorure de sodium	0,0168
Acide silicique	0,0411
Glairine	0,0075
Perte	0,0030
	0,2094

Ces eaux sont remarquables par leur onctuosité ; elles sont employées avec beaucoup d'avantage dans les maladies nerveuses et les maladies cutanées, et diverses affections catarrhales.

110 — LE DOCTEUR PUJADE, à Amélie-les-Bains, Pyrénées-Orientales (123.)

OBJETS EXPOSÉS.

1 Un album de la station thermo-hyémale , enrichi d'un certain nombre de gravures photographiées , publié par le docteur Pujade, Amélie-les-Bains, Pyrénées-Orientales — Perpignan , 1863.

Il existe à Amélie-les-Bains 14 sources. La plus abondante, celle du Grand-Escaldadou qui fournit 551,000 litres par 24 heures, alimente l'hôpital militaire appartenant à l'Etat. Les autres sources sont aménagées dans deux autres établissements , entre autres dans celui du docteur Pujade. On compte , dans ce dernier établissement, 23 cabinets de bains dont neuf garnis de douches diverses ; toutes les baignoires sont en marbre. Toutes ces sources ont une composition à peu près analogue.

Analyse de la source du Grand-Escaldadou :

Carbonate de soude.....................	0,0750
— de potasse.................	0,0026
— de chaux...................	0,0008
— de magnésie..............	0,0002
Sulfure de sodium....................	0,0396
Sulfate de soude	0,0421
— de chaux....................	0,0007
Chlorure de sodium....................	0,0418
Acide silicique........................	0,0902
Glairine..............................	0,0109
	0,3039

La source Arago, appartenant au docteur Pujade, a une température de 60° et son degré de sulfuration est de 0 gr. 016 sulfure de sodium.

111 — CHERBOURGUET , BADOIT ET CHAMPAGNON , propriétaires des eaux de Saint-Galmier, Loire (69).

Source Badoit et Source André réunies.

LISTE DES OBJETS EXPOSÉS.

15 bouteilles de 1 litre de la source Saint-André.
15 — de 1 litre de la source Badoit.

Analyse comparative de ces deux sources, par M. O. Henry.

	Source **Badoit.**	Source **St.-André.**
Air	assez riche en oxygène	très riche en oxygène
Acide carbonique libre	1 vol. 1/4	1 vol. 1/2
Bicarbonate de soude anhydre	0,560	0,345
— de potasse	0,020	0,010
— de chaux...) — de magnésie (	1,440	0,934
de strontiane	Indiquée	0,010
— de fer et manganèse		traces
Sulfate de soude anhydre. (— de chaux anhydre. (	0,200	0,310
Silicate d'alumine sans doute	0,134	
Chlorure de sodium		0,430
— de magnésium	0,480	
— de calcium		
Nitrate alcalin évalué	0,055	
— de magnésie		0,062
Phosphate soluble		traces
Silice alumine		0,020
Matière organique	presque invisible	traces
Principes fixes	2,889	2,121
Eau	997,111	997,879
	1,000,000	1,000,000

Les eaux de Saint-Galmier ont cet avantage que l'acide carbonique s'y trouve à l'état de dissolution intime. Exposées à l'air libre, après 48 heures, ces eaux ne perdent pas même les deux tiers de leurs gaz.

112 — BRUNO-NÈGRE, propriétaire de la source acidule gazeuse de la Vernière, près Lamalou, commune des Aires, Hérault (51).

6 Bouteilles d'un litre.

Résultat de l'analyse de l'eau de la Vernière, faite par M. O. Henry, pour un litre d'eau :

Acide carbonique libre	Peu (à Paris).
Bicarbonate de chaux	0,7800
— de magnésie	0,2700
— de soude et de potasse	0,2100
— d'ammoniaque	0,0032
— de fer avec crenate	0,0310
— de manganèse	0,0019
Sulfate de chaux	0,1196
— de soude	0,1344
Chlorure de sodium	0,0805
Phosphate d'alumine (Silice (	0,1200
Principe arsénical) Matière organique azotée (	traces
Total	1,7506

Ces eaux, prises à l'intérieur et consommées sur place, sont un excellent adjuvant des traitements thermaux administrés à Lamalou.

II3 — BOURGES , propriétaire d'un établissement thermal à Lamalou-du-Centre, dit source Bourges, Hérault (67).

LISTE DES OBJETS EXPOSÉS.

1° — 12 Bouteilles d'eau minérale de la source Bourges.
2° — 2 Boîtes de résidus ou sels produits par l'évaporation des eaux de la source Bourges. (1 fr. la boite.)
3° — 3 Boîtes contenant un dépôt ocracé ferrugineux de la source Bourges. (1 fr. la boite.)
4° — 4 Boîtes de pastilles ferrugineuses, alcalino-carbonatées, sensiblement arsénicales de la source Bourges. (1 fr. la boite.)
5° — Boite de pastilles rouges à la fleur d'oranger.
6° — Echantillons de pierres minérales de la contrée.

Les eaux de Lamalou-du-Centre, source Bourges, sont en grande partie par leur composition chimique, semblables à celle des deux autres établissements que l'on rencontre dans la vallée ; leur température est de 29°5.

II4 — CAPUS, Pierre, propriétaire de la source de Capus, à Lamalou-le-Centre, à Villecelle, près Lamalou, Hérault (124).

LISTE DES OBJETS EXPOSÉS.

1 Quatre bouteilles d'un litre, contenant l'eau ferro-magnésienne de la source Capus.
2 Un bocal de sédiment ferrugineux, etc., de la source Capus.

Analyse chimique de la source de Capus, faite par M. A. Moitessier, calculée pour un litre d'eau :

Bicarbonate de soude........	0,0813
— de potasse......	0,0768
— de lithine.......	traces
— de chaux........	0,0977
— de magnésie....	0,0758
— de fer..........	0,0780
— de manganèse...	traces
Chlorure de sodium	0,0020
Sulfate de chaux............	0,0665
Arséniate de soude.........	0,0004
Borate de soude............	traces
Sulfate de cuivre...........	traces
Silice..................	0,0232
Acide crénique et apocrénique.	traces
	0,5017
Acide carbonique libre.......	0,1823 33 68
Oxygène..................	" 1 50
Azote....................	" 13 25

Analyse du sédiment de la source Capus, à Lamalou-le-Centre, par M. A. Moitessier.

Carbonate de chaux.. ....·....	2gr25
— de magnésie....,.......	0 18
Péroxide de fer....................	8 40
Arséniate de fer.....	0 08
Silice...........................	3 75
Sulfate de baryte... ⎱ ⎰ ·..·........	0 07
— de strontiane ⎰	
Oxyde de cuivre	0 04
— de manganèse.........:......	0 12
— de cobalt...⎫	
— de nickel...⎬..............	traces
— de zinc.....⎭	
Acide crénique...⎫	
— apocrénique .⎬..............	traces
Matière organique.⎭	
Perte...........................	0 51
Total.......	100 000

I 15 — GAUCHERAND, propriétaire de la source de la Marie, à Valz, Ardèche (125).

1 Dix bouteilles d'un litre, source Marie.

La source de la Marie a donné à l'analyse les résultats suivants :

			Litre.
Produits gazeux.	⎰ Acide carbonique libre.....		1 121
	⎱ Air atmosphérique........		» 124

			Grammes.
	Silice et alumine..........		0,016
	Sulfate de soude..........		0,067
	Chlorure de sodium......:..		0,286
	Id. de potassium.....		0,032
Matières salines.	Bicarbonate de fer........		0,006
	Id. de magnésie...		0,029
	Id. de chaux......		0,069
	Id. de soude......		0,895
	Total... ...		1,400

La source de la Marie jaillit sur la rive droite du torrent de la Volanne, elle est la moins riche des sources des eaux de Valz, en bicarbonate de soude ; mais elle est très ferrugineuse. Elle facilite les fonctions de l'estomac, et convient dans tous les cas où il y a affaiblissement de chlorose et faiblesse générale.

116 — MOULINE, Eugène, propriétaire de la source Juliette, à
Valz, Ardèche (52).

LISTE DES OBJETS EXPOSÉS.

1 Huit bouteilles d'un litre de la source minérale de la Juliette

L'analyse des eaux minérales, alcalines et gazeuses de la Juliette, a
donné à M. Ossian Henry, les résultats suivants :

		Grammes.
Acide carbonique libre		0,800
Bicarbonate { de soude		7,006
de potasse		0,650
de chaux		1,260
de magnésie		0,440
de fer et manganèse		0,021
Sulfate de soude		0,084
Chlorure de sodium		1,070
Silicates alumineux		0,075
Bicarbonate de lithine, iodure alcalin, Arséniate alcalin, phosphate terreux		sensible
Total		11,406

Cette source est remarquable par sa richesse en bicarbonates alcalins;
elle en contient plus de 9 grammes par litre.

117 — MÉRAND, Jean-Baptiste-Prosper , propriétaire de la source
minérale et thermale de Saint-Laurent-les-Bains, arrondissement de Largentière, Ardèche (53).

LISTE DES OBJETS EXPOSÉS.

1 Neuf bouteilles de l'eau de Saint-Laurent.
2 Dépôt des vapeurs de la source thermale sur les parois de la voûte
des étuves.
3 Un grand nombre d'échantillons de roches et minerais des environs
de Saint-Laurent, entre autres de beaux échantillons de chaux
fluatée, lamellaire, verdâtre, de galène argentifère, etc.

La source de Saint-Laurent offre une température de 53° 5.

Analyse de ces eaux , d'après M. Bérard :

Carbonate de soude	0,505
Sulfate de soude	0,040
Chlorure de sodium	0,085
Silice et alumine	0,052
	0,682

Analyse incomplète et qui aurait besoin d'être reprise d'autant plus que
cette station est assez fréquentée par les malades des localités environnantes.
Ces eaux sont très employées contre les affections rhumatismales et névral-
giques.

118 — CASALET', propriétaire des bains et des eaux minérales de Fonsanche, arrondissement du Vigan, commune de Sauve, Gard (78).

LISTE DES OBJETS EXPOSÉS.

1 Trois bouteilles d'eau minérale.

La source intermittente et sulfureuse de Fonsanche a été décrite par Astruc, en 1705, dans son histoire naturelle de Languedoc.

Une analyse déjà ancienne (1818) faite par Demorcy-Delettre, assigne à cette eau minérale de la silice, du carbonate de soude, du chlorure de sodium, des sulfates de soude et de magnésie, de la matière organique et une grande quantité d'acide sulfhydrique.

Cette source excelle dans le traitement des maladies de la peau et rend de grands services dans les affections catarrhales et rhumatismales, les maladies nerveuses, etc.

Leur température est de 24°— Elles surgissent des marnes oxfodiennes, au pied de la montagne de Coutach.

119 — CHASTAN, Victor, propriétaire des sources d'Auzon, dites des Fumades, arrondissement d'Alais, Gard (106 *bis*).

LISTE DES OBJETS EXPOSÉS.

1 Huit bouteilles d'un 1/2 litre de la source Delbos inférieure.
2 Neuf bouteilles d'un litre de la source Delbos supérieure.
3 Un flacon contenant de la mousse sulfuraire.
4 Un échantillon de calcaire néocomien recouvert d'asphalte de Coste-Caude, près Auzon.

L'eau d'Auzon est froide. Sa température s'élève, terme moyen, à 12° ou 14°. Elle est limpide et transparente, à moins qu'on ne la laisse longtemps exposée à l'air. Sa saveur est sulfureuse et amère, son odeur rappelle celle des produits sulfurés et devient très intense quand on l'agite à l'air ou qu'on y verse un acide.

La composition chimique de l'eau des deux sources dites *Delbos supérieure* et *Delbos inférieure* a été trouvée presque la même par M. O. Henry.

Analyse de ces deux sources rapportée par un calul à 1,000 grammes de liquide.

	Delbos sup.	Delbos inf.
PRINCIPES) Acide sulfhydrique libre...........	0,025	0,020
VOLATILS) Azote, acide carbonique libre......	indéterminés	
Sulfure de calcium..........................	0,129	0,010
Sulfure de sodium et de magnesium.............	peu, non évalués	
Sulfate anhydre de chaux	1,585	0,800
Sulfates anhydres de soude et de magnésie.......	0,530	0,440
Bicarbonates terreux de chaux et de magnésie....	0,830	0,525
Chlorure alcalin.............................	0,040	0,050
Acides silicique, alumine, oxyde ou sulfure de fer phosphate, hyposulfite, matière organique et perte.	0,054	0,050
	2,693	1,895

Les sources des Fumades ont été jadis employées par les Romains, ainsi que l'atteste la découverte d'une belle piscine antique.

Elles sortent de terre vers la base de la formation lacustre éocène.

120 — TROUPEL , Alfred, propriétaire des sources hydro-sul-
furées et bitumineuses d'Euzet et de Saint-Jean-de-
Ceyrargues, arrondissement d'Alais, Gard (79).

LISTE DES OBJETS EXPOSÉS.

1 Six bouteilles de 1 litre, source Comtesse.
2 Six bouteilles de 1 litre de la source Marquise.
3.Six bouteilles de 1 litre de la source de Saint-Jean de Ceyrargues.
4 Un flacon boue minérale des sources d'Euzet.
5 Trois flacons contenant conserves et glairines des sources d'Euzet.
6 Deux flacons de sels provenant de l'évaporation de 27 litres d'eau
minérale et servant pour la préparation des pastilles.
7 Un fragment de roche ou tuf calcaire concrétionné, déposé à l'orifice
de la source du Pavillon.
8 Un fragment de roche ou tuf calcaire compacte, déposé vers l'orifice
de la source du Griffon.
9 Pastilles bitumineuses aux selz d'Euzet.

Les sources d'Euzet sont au nombre de quatre : la Marquise ou source des bains, la Comtesse, Lavalette ou buvette, et la source du Pavillon, récemment découverte.

Leur température varie de 13° à 18°.

Analyse de deux de ces sources, faites, en 1854, par M. O. Henry.

1,000 grammes de liquide ont fourni ;

	Source Lavalette.	Source de la Marquise.
Acide sulfhydrique libre....................	0,047	traces
Bicarbonate de chaux }...............	0,733	0,776
Bicarbonnate de magnésie }		
Sulfate de chaux.......................	1,660	1,933
Sulfate de magnésie }..................	0,491	0,466
Sulfate de soude }		
Chlorure de sodium }...............	0,080	0,030
Chlorure de magnésium }		
Acide silicique, oxyde de fer, phosphate,		
Matière organique, bitume sensible et perte.	0,166	0,135
	3,130	3,340

La proportion de l'élément sulfureux est loin d'être considérable dans les sources d'Euzet ; aussi ce n'est point à ce principe qu'elles doivent leurs principales propriétés thérapeutiques.

Elles ont un goût asphaltique très prononcé. Quoique minéralisées principalement par le sulfate de chaux, elles sont très digestives à cause des sels de magnésie et de l'acide carbonique en excès qu'elles contiennent.

Elles sont laxatives, tempérantes et calmantes, et jouissent, en outre, de propriétés béchiques très remarquables. Aussi sont-elles très employées contre les diverses maladies ds l'appareil pulmonaire.

On trouve à Euzet deux salles d'inhalations de bitume minéral ; une salle d'inhalations à l'eau minérale pulvérisée, une installation balnéaire, à peu près complète et un système de douches et de bains de vapeurs établis sur les données scientifiques les plus récentes,

Les sources d'Euzet, comme celles d'Auzon, sortent de la partie inférieure de la formation lacustre éocène.

121 — GRANIER, Alphonse, propriétaire des sources de Vergèze dite les Bouillants, arrondissement de Nimes, Gard (63).

LISTE DES OBJETS EXPOSÉS.

1 Quatre bouteilles de 1 litre des eaux de Vergèze, la princesse des eaux de table.
2 Quatre médailles romaines trouvées dans le bassin romain des Bouillants.
3 Divers cailloux et modules de pyrite ferrugineuses trouvés dans le bassin des Bouillants.

Les derniers travaux entrepris dans le voisinage des Bouillants de Vergèze, ont amené la découverte de quelques débris de construction romaine et de plusieurs médailles à l'effigie de *Domitien*, de *Vespasien*, d'*Antonin le Pieux*, de *Faustine la Jeune*, etc,

On y distingue 4 sources principales : celle du *Bassin romain*, la *source Granier*, la *source Dalimbert* et la *source Ponge*.

L'eau de Vergèze est complètement incolore, inodore, d'une limpidité parfaite ; la saveur en est fraîche et piquante, ce qu'elle doit à une forte proportion de gaz acide carbonique qu'elle tient en dissolution et qu'elle laisse échapper lentement lorsqu'on vient à déboucher le vase qui la contient,

Analyse de ces eaux, faite par M. le docteur Ossian Henry fils.

	pour 1 litre.
Acide carbonique	1,4760
Acide sulfurique	″ 1208
— phosphorique	″ 0021
— silicique	″ 0050
Chlorure	″ 0760
Iode	indices
Chaux	″ 3800
Magnésie	″ 0470
Soude	″ 0892
Sesqui-oxyde de fer	″ 0020
Matière organique	″ 0065
	2,3056

Des essais sur la composition des boues ont fait reconnaître la silice, l'argile, des quantités notables d'oxyde de fer, du carbonate de chaux et des matières organiques.

Les Eaux des Bouillants de Vergèze surgissent en dégageant des bulles de gaz acide carbonique, des poudingues subordonnés au terrain subappennin sur lesquels reposent les cailloux rougeâtres du diluvium.

122 — VERDIER, Emile, docteur en médecine , propriétaire des eaux minérales de Cauvallat, commune d'Avèze, arrondissement du Vigan, Gard (105 *bis*).

LISTE DES OBJETS EXPOSÉS.

1 Une bouteille d'un litre de l'eau minérale hydrosulfurée, calcique, sodique, ferrugineuse de Cauvallat.
2 Une bouteille de vin antiherniaire , du docteur Verdier.
3 Une bouteille d'élixir stimulant diffusible , tonique, du docteur Verdier.
4 Un bocal de corps gras adoucissant, contre les gerçures des mains des fileuses de soie, des manœuvriers , du docteur Verdier.

D'après la notice du docteur Verdier , ces eaux sont hydro-sulfureuses, calciques, sodiques, ferrugineuses. Leur température peut être élevée à 70°, sans qu'elles éprouvent d'altération ; elles se conservent longtemps dans des vases bien bouchés.

123 — SALEL de Largentière, Ardèche (126).

LISTE DES OBJETS EXPOSÉS.

1 Une bouteille d'un litre de l'eau minérale de la Tour-de-Montbrisson (Ardèche).
2 Une bouteille de l'eau minérale de Thutte-Bastide (Ardèche).
3 Une bouteille de Lande-Isidore (Ardèche).
4 Une bouteille de Roubraud (Ardèche).

10e SECTION.

Machines et matériel employés dans l'industrie minérale.

124 — VEILLON, constructeur de machines à Alais, Gard (127).

LISTE DES OBJETS EXPOSÉS.

1 Une machine d'extraction destinée au puits de Robiac (Compagnie houillère de Robiac et Meyrannes).
2 Un ventilateur de mine portatif et à bras, construit pour la Compagnie houillère de Robiac et Meyrannes.
3 Essieux, boîtes à graisse et échantignolles pour waggons et voitures (Brevet d'invention).

La machine d'extraction est horizontale, de la force de 100 chevaux, à deux cylindres. Elle est établie sur deux batis en fonte de 9.54 de longueur, fondus d'une seule pièce ; elle présente plusieurs dispositions nouvelles, dont les principales sont :

1º Une distribution particulière de la vapeur. — La vapeur est introduite dans les cylindres au moyen de trois plateaux à petite surface, dont un pour l'introduction et deux pour l'échappement. Cette disposition réduit des $\frac{2}{7}$ la pression qui agit sur un tiroir ordinaire, réduit d'autant la résistance de la manœuvre et purge régulièrement les cylindres de l'eau de condensation.

2º Une mise en train qui, tout en étant en vue du machiniste, permet la libre circulation autour de la machine.

3º Des réservoirs spéciaux pour recueillir l'huile des glissières. Ceci offre l'avantage d'utiliser l'huile recueillie et de ne pas salir la machine.

4º Des serre-clavettes particuliers.

5º Une sonnerie commandée par les excentriques. L'arbre de cette sonnerie est disposé de façon à permettre l'établissement de ce que les mineurs appellent un rat.

6º Un tambour pour câbles ronds, faisant corps avec le volant qui est tourné sur sa circonférence et sur les joues latérales.

7º Un frein à vapeur agissant au dessous du tambour, — Ce frein a l'avantage d'agir sur la partie du tambour qui est la plus éloignée de l'arbre et qui, par conséquent, a la plus grande vitesse. La disposition des leviers permet de rendre à volonté le frein aussi énergique qu'il est nécessaire.

Ce système de frein peut être facilement appliqué aux bobines pour câbles plats.

Ce modèle de machine est nouveau dans les mines du départ. du Gard.

Le nouveau système d'essieux, boîtes à graisse et échantignolles pour waggons et voitures de M. Veillon, appliqué à tous les waggons des mines de la Compagnie houillère de Robiac et Meyrannes, a permis de réaliser, sur les frais de roulage et de graissage, des économies considérables.

280 waggons de mine, pareils à celui qui est à l'Exposition, ont suffi pour extraire, pendant l'année 1862, une quantité de 323,000 tonnes de houille.

Le prix du graissage, matière et main-d'œuvre, est ressorti à 91 centimes par tonne et par kilomètre, savoir :

Huile et graisse, 0 fr. 0066
Main-d'œuvre,   0 fr. 0025 } 0 fr. 0091

Outre les économies qu'on a pu réaliser, et les facilités apportées dans le travail du rouleur, ce nouveau système a présenté le grand avantage de ne nécessiter que très peu de réparations.

125 — COMPAGNIE DES FONDERIES ET FORGES DE TERRENOIRE, LAVOULTE ET BESSÉGES (*a*) (128).

(Société anonyme. — Décret du 22 janvier 1859.)

Usine de Bessèges (Gard).

LISTE DES OBJETS EXPOSÉS.

1 Machine à vapeur horizontale de 40 chevaux.
2 Marteau pilon de 2,500 kilog. pour l'atelier de puddlage.
3 Plaque tournante de 3ᵐ40, construite pour la Compagnie du chemin de fer de Paris à Lyon. (Réseau Nord.)

(*a*) Ces objets ont été portés dans le *Catalogue de l'Industrie*, sous les nᵒˢ 143, 163 et 820 ; mais, sur la demande de la Compagnie des forges et fonderies, nous les faisons figurer ici dans la section relative aux machines et matériel employés dans l'industrie minérale

§ 1ᵉʳ. — Machine à vapeur.

La machine à vapeur horizontale, et d'une force nominale de 40 chevaux, est à détente variable, avec régulateur à main et levier de changement de marche avec coulisse Stephenson.

Elle a été construite pour l'extraction du minerai de fer de la concession du Travers. Elle doit remorquer, à l'aide de câbles s'enroulant sur des bobines, une charge de 2,400 kilog. en 120 secondes, le long d'un plan incliné à 30 degrés de 300 mètres de longueur.

Les dispositions particulières à signaler sont :

1º Celle du bâti fait en plusieurs pièces pour être descendu facilement dans la mine ; elle permet des abords très faciles à toutes les parties de la machine pour le graissage et l'entretien.

La forme de ce bâti, creux à l'intérieur, donne une grande stabilité et une grande résistance avec un poids de matière relativement peu considérable. Cette forme sans parties rentrantes permet un nettoyage facile.

2º La mise en train ou le régulateur est composée de deux disques mûs par un levier. Ces disques, rôdés l'un sur l'autre sont percés d'ouvertures semblables aux bouches de chaleur des calorifères.

La détente se fait par un tiroir ordinaire de distribution et deux petits tiroirs superposés, dont la course est réglée par un coin en V vertical qui se meut dans le sens vertical, au moyen d'une crémaillère et d'un secteur.

Ce coin, suivant qu'il est à sa partie supérieure ou inférieure, augmente ou diminue la course des petits tiroirs qui viennent buter contre lui, et alors produit la détente minimum ou la détente maximum. Ce coin est mû par un levier qui est celui de détente.

Le levier de changement de marche, avec la coulisse double, est dans la disposition ordinaire des machines existantes.

3º Les glissières et le coulisseau en même temps tête de piston. Disposition avantageuse pour conserver l'huile ou la graisse et pour la visite de toutes les pièces.

4º Paluis avec coussinets en 4 parties pour l'arbre du volant. Deux coins de rottapage du jeu qui se produit par l'usure, sont disposés latéralement de chaque côté de l'arbre, et sont mûs par 4 vis verticales, de manière à se rapprocher de l'arbre dans le sens de l'usure des coussinets, quand elle s'est produite.

Le volant a été fait en deux parties, afin de pouvoir se démonter pour entrer dans les galeries de la mine. Il reçoit, à l'intérieur, l'action d'un frein à pédale, qui se manœuvre de la place où se met le mécanicien.

§ 2. — Marteau-pilon.

La Compagnie des fonderies et forges de Terrenoire, Lavoulte et Bességes fait actuellement construire, dans ses ateliers de construction, de Bességes, 4 marteaux-pilons pour ses usines.

Le poids de l'appareil complet est de 32,500 kilog.

Outre la bonne exécution de l'appareil, comme moulage et pièces mécaniques, il faut signaler la disposition d'un petit cylindre dans lequel se meut un piston pour équilibrer la pression sur le tiroir et le rendre , par ce moyen , facile à manœuvrer sans grands efforts.

§ 3. — Plaque tournante.

Cette plaque tournante, de 3ᵐ40, construite sur les plans de la Compagnie de Lyon, est rabotée à toutes les surfaces ajustées ordinairement à la main. Tous les assemblages du plateau mobile des rails sur le plateau ont leurs parties rabotées à la machine ainsi que le segment des cuves.

Ces conditions de construction assurent un montage plus prompt et plus régulier, des assemblages plus parfaits, et en général plus de rapidité dans l'exécution, comparativement aux assemblages au burin et à la lime qui se pratiquent ordinairement pour la confection des plaques tournantes.

126 — MM. DUMAS et BENOIT, ingénieurs à Privas, Ardèche (129).

ORJET EXPOSÉ.

Quatre lampes électriques portatives.

Une très heureuse application de la lumière électrique froide, donnée par le courant d'induction, a été faite récemment à l'éclairage des mines, par MM. Dumas, ingénieur directeur des mines du Lac et de Saint-Priest, près Privas (Ardèche), et Benoist, docteur en médecine.

L'appareil a été soumis à l'examen de l'Académie des sciences, dans la séance du 8 septembre 1862, et c'est le samedi 18 octobre 1862 qu'il a été publiquement expérimenté, pour la première fois, dans les mines de houille appartenant à la Compagnie de Robiac, en présence de l'ingénieur des mines du sous-arrondissement minéralogique d'Alais, des ingénieurs, maîtres-mineurs et d'un assez grand nombre d'ouvriers des mines de Bességes de la Grand'Combe et de Rochebelle.

La lampe électrique de MM. Dumas et Benoît se compose de trois parties essentielles :

1° Un élément de pile Bunsen, avec dosage particulier approprié au but de l'appareil;

2° Une bobine d'induction de Ruhmkorff;

3° Un tube éclairant et fluorescent de Geysler.

La pile et la bobine sont parfaitement isolées et fixées côte à côte, d'une manière invariable, dans un petit sac en caoutchouc que le mineur porte suspendu en bandoulière par une courroie, comme un sac de chasse. Un couvercle en bois, avec garniture de caoutchouc, ferme le sac; les joints sont absolument imperméables.

Le tube éclairant, dans lequel l'air a été raréfié au degré convenable, présente deux tubes de verre capillaires, dont l'un est enroulé en hélice, et qui, partant chacun de l'extrémité des rhéophores qui établissent la communication du tube avec la bobine, se présentent mutuellement, à quelques millimètres, leurs extrémités libres. Il est renfermé dans un cylindre en verre terminé par deux armatures reliées par des tringles métalliques qui le protégent.

Le tube éclairant peut se fixer à la paroi antérieure du sac ; il peut être rendu libre, tenu à la main, placé dans toutes les positions, et éloigné du sac de toute la longueur qu'on donnera aux réophores. Par sa forme cylindrique, il rappelle les lampes de mine à enveloppe métallique.

Quand on laisse passer le courant, le tube s'éclaire d'une vive lueur fluorescente qui prend une intensité particulière dans le parcours du verre capillaire. Quand on interrompt le courant, la lumière disparaît.

Ces effets sont instantanés et s'obtiennent en tournant simplement un bouton qui fait saillie sur le couvercle du sac.

La lumière produite est froide et n'échauffe pas le tube ; elle ne peut être mise en communication avec les gaz extérieurs, car elle ne se maintient qu'à l'aide de la raréfaction de l'air dans le tube, et cesserait si la fermeture de ce tube n'était pas étanche.

Son intensité, actuellement un peu plus faible que celle de la lampe à tamis métallique fin, lui est néanmoins comparable ; on peut espérer qu'elle pourra être augmentée par le perfectionnement de l'appareil, mais elle est parfaitement suffisante pour la marche et le travail dans les galeries souterraines, pour la lecture de la boussole, l'écriture sur les carnets, en un mot, pour toutes les exigences pratiques du métier de mineur. La nature de la lumière est la même que calle du ver luisant, bleuâtre, d'une pureté et d'une douceur remarquables.

La lampe électrique peut fonctionner douze heures consécutives sans affaiblissement et avec une parfaite régularité. Elle éclaire également bien dans les gaz impropres à la combustion des lampes ordinaires, tels que l'azote, l'acide carbonique, et dans le grisou, où l'isolement de l'appareil rend une explosion impossible ; elle peut être immergée, et permet de visiter les puisards de mine ; de travailler avec toute sécurité dans les chantiers où l'air, respirable encore, n'est plus suffisant pour l'éclairage ordinaire ; de visiter avec la même sécurité, et avec l'aide d'un appareil respiratoire, les parties de la mine remplies de grisou ou d'acide carbonique ; d'aller retirer rapidement les hommes asphyxiés ; d'effectuer, en un mot, facilement une foule de manœuvres et de travaux autrefois dangereux ou impossibles.

Les applications de l'appareil Dumas et Benoit seront également précieuses dans les usines à gaz, les poudrières, les fabriques d'huiles, d'alcools ; dans la visite des égoûts, mais c'est surtout pour la sécurité ou le sauvetage des ouvriers mineurs que nous recommandons l'appareil aux directeurs d'exploitations.

Une des grandes difficultés, lors du sauvetage des mineurs de Lalle, fut d'éclairer les chantiers : les lampes s'éteignaient fréquemment, et viciaient l'air, déjà trop rare ; il fallait en quelque sorte une chaîne d'hommes pour la transmission des lampes. — Avec le tube électrique, tous ces embarras auraient disparu.

Il fallut environ 3 heures pour aller retirer le dernier des hommes sauvés, par suite de l'absolue nécessité où l'on se trouvait de poser des tuyaux d'aérage afin de tenir les lampes allumées. — Avec le tube électrique, le sauvetage aurait duré 10 minutes.

En pareilles circonstances, la vie du mineur est souvent une question de temps.

Tels sont les résultats qui paraissent déjà acquis à l'appareil de MM. Dumas et Benoît. La régularité et l'intensité de la lumière, choses si difficiles à obtenir avec un élément et une bobine d'aussi petites dimensions ne laissent rien à désirer ; la lampe est très portative, et sans attendre les perfectionnements de détail que les inventeurs ne manqueront pas d'introduire au fur et à mesure qu'ils seront indiqués par l'usage pratique ; cette lampe peut, dès aujourd'hui, être appliquée dans toutes les circonstances exceptionnelles pour lesquelles elle a été construite.

La lampe peut servir pour le tirage des coups de mine et pour mettre le feu à deux ou trois coups à la fois.

Au lieu du tube de Geysler, M. Dumas et Benoit emploient aussi un simple tube rempli de matière fluorescente. L'une des 4 lampes qui figurent à l'Exposition présente cette disposition.

Extrait d'un article de M. Parran, ingénieur des mines à Alais. (Courrier du Gard du vendredi 24 octobre 1862.)

127 — ROUQUAYROL , ingénieur, directeur aux mines de Firmy, Aveyron (130).

OBJETS EXPOSÉS.

Deux appareils respiratoires et une pompe de compression.

(L'un des appareils et la pompe ont dû être retirés de l'Exposition pour aller fonctionner au pont d'Agen actuellement en construction.)

Cet appareil, consacré aujourd'hui par la pratique, a été imaginé en vue de permettre aux ouvriers soit de pénétrer dans les mines remplies de gaz irrespirable, soit de descendre et de travailler sous l'eau.

Cet appareil se compose d'un réservoir à air comprimé en tôle d'acier pouvant résister à une très forte pression, muni d'une boîte régulatrice de l'air, ou chambre à air qui se porte sur le dos ; d'un masque fait d'une simple feuille de caoutchouc qui s'applique exactement entre les dents et les lèvres ; d'un tuyau d'aspiration également en caoutchouc très fort allant du masque à la chambre à air et d'un tuyau d'expiration muni d'une soupape qui se prête à l'expulsion, mais s'oppose à l'entrée des gaz ambiants.

Cette bienfaisante invention n'est plus à l'état de projet. Non seulement elle a été soumise à des expériences nombreuses et variées et s'en est tirée à son avantage ; mais elle est journellement employée dans des travaux de divers ordres ; ainsi qu'on peut s'en assurer, les ouvriers s'en servent sans fatigue. L'appareil est si solide, ses organes, qui cependant produisent un résultat si précis et si délicat, tellement simples, à l'abri de tout dérangement, qu'on peut, l'expérience en a été faite et peut se répéter, le jeter par terre et le rouler sur le sol dans tous les sens sans déterminer la moindre avarie.

On l'a employé dans les mines de Decazeville avec succès complet pour établir dans un atmosphère irrespirable des travaux contre le feu.

Il a également servi, pendant toute une campagne, pour établir les fondations du nouveau pont d'Albi, et, ainsi que l'attestent MM. les ingénieurs des ponts et chaussées qui dirigent cette importante construction, les ouvriers ont pu travailler sans éprouver le moindre malaise pendant 3/4 d'heure à une profondeur de 7 mètres.

Cependant les appareils qui avaient été fournis à Albi étaient loin d'être aussi parfaits qu'ils le sont aujourd'hui.

Un plongeur de Bordeaux a déclaré que cet appareil lui procurait dans l'eau une sensation de bien-être à laquelle le scaphandre ne l'avait pas accoutumé. On reconnaîtra, en effet, que par la simplicité et la régularité avec laquelle il fournit l'air, cet appareil a une supériorité sur le scaphandre.

(Extrait d'une note de l'Exposant.)

128 — MM. DUVERGIER ET BOULON Fils, constructeurs à Lyon (64).

LISTE DES OBJETS EXPOSÉS.

1 Ventilateur à dépression, système Duvergier.

Ce ventilateur aspirant, dit *Grand modèle*, est destiné à l'aérage d'un ensemble de travaux de mines. — Il porte lui-même l'appareil moteur à vapeur, est d'une installation facile et peu coûteuse. — Il a fonctionné en premier lieu, il y a environ 10 ans, aux mines de Blanzy (Saône et Loire), — mis en mouvement par la locomobile Chevalier.

2 Ventilateur à dépression, système Duvergier, *petit modèle*, mû à bras, pour la ventilation locale des galeries de mines, du poids de 150 kil.

129 — PUECH , Jean-Louis, à Saint-Hippolyte-du-Fort, Gard (95).

LISTE DES OBJETS EXPOSÉS.

1 Un panier pour les mines.
2 Un panier pour le chemin de fer.

130 — CRUVEILLER , Philippe, à la Grand'Combe, Gard (73).

LISTE DES OBJETS EXPOSÉS.

1 Un panier de mine en jets de châtaigniers.
2 Un panier de lingère pour le chargement de charbon sur la place (même bois).
3 Un panier dit Banastous, pour les déblais et terrassements (même bois).
4 Un panier à coke pour le chargement et déchargement (même bois).

FIN DU CATALOGUE. 

Nimes, typ. CLAVEL-BALLIVET et Cᵉ, rue Pradier , 12.